Band 34

Schriften zum Notarrecht

Herausgegeben von der
Deutschen Notarrechtlichen Vereinigung e.V. (NotRV)

Prof. Dr. Johannes Hager (Hrsg.)

Vorweggenommene Vermögensübertragung unter Ausschluss von Pflichtteilsansprüchen

Tagungsband

Nomos

Die Deutsche Nationalbibliothek verzeichnet diese Publikation in der Deutschen Nationalbibliografie; detaillierte bibliografische Daten sind im Internet über http://dnb.d-nb.de abrufbar.

ISBN 978-3-8487-0198-8

1. Auflage 2013
 Gedruckt auf alterungsbeständigem Papier.

Vorwort

Die Forschungsstelle für Notarrecht an der Ludwig-Maximilians-Universität München hat am 10. Juli 2012 eine Tagung mit dem Titel »Vorweggenommene Vermögensübertragung unter Ausschluss von Pflichtteilsansprüchen« ausgerichtet. Dieser sowohl für die notarielle Praxis und die Gerichte als auch für die Wissenschaft bedeutsame und vielschichtige Themenkomplex wurde von hoch qualifizierten Referenten aus unterschiedlichen Perspektiven beleuchtet.

Erstmals fand die Veranstaltung im Rahmen der Europäischen KMU-Woche 2012 und im Zusammenwirken mit der Bundesnotarkammmer statt.

Im Eingangsreferat beschäftigte sich Professor Dr. Eva Inés Obergfell aus Berlin mit dem Thema »Hindernis Pflichtteil? – Zur Legitimation des Pflichtteilsrechts und den Grenzen der vorweggenommenen Erbfolge«. Anschließend referierte Notar Dr. Arne Everts zum Thema »Pflichtteilsdämpfung bei Überlassungsverträgen durch flankierende Maßnahmen, insbesondere des Gesellschafts- und Familienrechts«. Die Schriftfassung der Referate soll mit diesem Tagungsband der Öffentlichkeit zugänglich gemacht werden. So ist zu hoffen, dass die hier dokumentierten Vorträge die Diskussion anregen und vertiefen können.

Herausgeber und Referenten danken sehr herzlich der Landesnotarkammer Bayern und der Deutschen Notarrechtlichen Vereinigung e.V. für den großzügigen Druckkostenzuschuss, durch den die Publikation dieses Bandes erst ermöglicht wurde.

Professor Dr. Johannes Hager

Lehrstuhl für Bürgerliches Recht und Medienrecht
Ludwig-Maximilians-Universität München

Inhaltsverzeichnis

Hindernis Pflichtteil? – Zur Legitimation des Pflichtteilsrechts und den Grenzen der vorweggenommenen Erbfolge

*Univ.-Prof. Dr. Eva Inés Obergfell, Berlin**

I. Legitimation des Pflichtteilsrechts**

1. Zwingende familiäre Teilhabe versus Privatautonomie

Der Streit um die Legitimation des Pflichtteilsrechts ist eine alte Kontroverse, die aus unvordenklichen Zeiten – weit vor den Beratungen des BGB – stammt (auch wenn die Debatte naturgemäß nicht seit jeher unter dem Begriff des „Pflichtteilsrechts" geführt wurde). Aber man muss nicht zurückgehen bis zur „querela inoffici-

* Die Verfasserin ist Inhaberin des Lehrstuhls für Bürgerliches Recht, Gewerblichen Rechtsschutz und Urheberrecht, Internationales Privatrecht und Rechtsvergleichung an der Humboldt-Universität zu Berlin. Für die wertvolle Unterstützung bei der Vorbereitung des Vortragsmanuskripts sowie der Erweiterung um den Fußnotenapparat für die Druckfassung des Textes gebührt Frau wiss. Mit. *Anne-Luise Riedel* der besondere Dank der Verfasserin.

** Die folgende Kommentar- und Handbuchliteratur wird in diesem Beitrag abgekürzt zitiert: *Abele/Klinger/Maulbetsch*, Pflichtteilsansprüche reduzieren und vermeiden, 2010; *Bamberger/Roth*, Kommentar zum Bürgerlichen Gesetzbuch, 3. Aufl. 2012; *Burandt/Rojahn*, Erbrecht Kommentar, 2011; *Kaser/Knütel*, Römisches Privatrecht, 19. Aufl. 2008; *Mayer/Süß/Tanck/Bittler/Wälzholz*, Handbuch Pflichtteilsrecht, 2. Aufl. 2010; Münchener Kommentar zum Bürgerlichen Gesetzbuch: BGB Bd. 9: Erbrecht §§ 1922-2385, §§ 27-35 BeurkG, 5. Aufl. 2010; Münchener Kommentar zum Bürgerlichen Gesetzbuch: BGB Bd. 11: Internationales Privatrecht, Internationales Wirtschaftsrecht, Einführungsgesetz zum Bürgerlichen Gesetzbuch (Art. 25-248), 5. Aufl. 2010; *Muscheler*, Inhaltskontrolle bei Erbverzichts- und Pflichtteilsverzichtsverträgen, in: Wachter (Hrsg.), FS für Sebastian Spiegelberger zum 70. Geburtstag: Vertragsgestaltung im Zivil- und Steuerrecht, 2009, S. 1079-1094; *Palandt*, Bürgerliches Gesetzbuch: BGB, 71. Aufl. 2012; *Pfundstein*, Pflichtteil und ordre public, 2012; *Röthel*, Englische family provision und ordre public, in: Kronke/Thorn (Hrsg.), Grenzen überwinden – Prinzipien bewahren, FS für Bernd von Hoffmann, 2011, S. 348; *Scherer*, Münchener Anwaltshandbuch Erbrecht, 3. Aufl. 2010; *Schlitt/Müller*, Handbuch Pflichtteilsrecht, 2010; *Soergel*, Bürgerliches Gesetzbuch mit Einführungsgesetz und Nebengesetzen: BGB Bd. 23: Erbrecht 3, §§ 2274-2385 BGB, 13. Aufl. 2002; *Staudinger*, Kommentar zum Bürgerlichen Gesetzbuch: BGB – Buch 5: Erbrecht §§ 2265-2338 a (Gemeinschaftliches Testament, Erbvertrag, Pflichtteil), 2006; *Staudinger*, Kommentar zum Bürgerlichen Gesetzbuch: BGB – Buch 5: Erbrecht §§ 2339-2385 (Erbunwürdigkeit, Erbverzicht, Erbschein, Erbschaftskauf), 2004; *Staudinger*, Kommentar zum Bürgerlichen Gesetzbuch: BGB - EGBGB/IPR Einführungsgesetz zum Bürgerlichen Gesetzbuche/IPR Art. 25, 26 EGBGB (Internationales Erbrecht), 2007; *Wagner*, Materialisierung des Schuldrechts unter dem Einfluss von Verfassungsrecht und Europarecht – Was bleibt von der Privatautonomie?, in: Blaurock/Hager (Hrsg.), Obligationen im 21. Jahrhundert, 2010, S. 13-84.

osi testamenti“ des römischen Rechts, mit der die benachteiligten Angehörigen gegen den Erblasser wegen dessen „color insaniae“ – also der geistigen Umnachtung – vorgehen und die in der unterlassenen Beteiligung begründete Pflichtwidrigkeit des Testaments anfechten konnten.[1] Die Debatte ist über die Jahrhunderte bis in unsere heutigen Tage lebendig geblieben. Drei Juristentage haben sich explizit mit dem Pflichtteilsrecht beschäftigt; zunächst der 14. DJT im Jahre 1878,[2] dann der 49. DJT im Jahre 1972[3] und schließlich der 64. DJT im Jahre 2002[4]. Alle Argumente scheinen ausgetauscht zu sein. Und doch ist die gesetzliche Lösung des schier unversöhnlichen Konflikts zwischen familiärer zwingender Nachlassteilhabe versus Testierfreiheit des Erblassers als Teilaspekt der grundrechtlich geschützten Privatautonomie nicht in Sicht. Es soll an dieser Stelle selbstverständlich nicht das uneinlösbare Versprechen gegeben werden, in dem begrenzten Rahmen dieses Beitrags all jene Argumente erschöpfend zu würdigen, die in den unterschiedlichen Diskussionsetappen ins Feld geführt wurden. Vielmehr muss sich der Beitrag darauf beschränken, einige zentrale Funktionen zu nennen, die je nach Position dem Pflichtteilsrecht zugesprochen oder diesem abgesprochen werden.

Das Kernargument des BVerfG ist die Familiensolidarität und die hieraus abgeleitete familienschützende Funktion des Pflichtteilsrechts.[5] Nach Ansicht des BVerfG resultiert aus der gegenseitigen Verpflichtung von Eltern und Kindern zu Rücksicht und Beistand (einschließlich der gegenseitigen finanziellen Verantwortung) eine über den Tod fortbestehende Solidaritätspflicht. Das Pflichtteilsrecht hat demnach „die Funktion, die Fortsetzung des ideellen und wirtschaftlichen Zusammenhangs von Vermögen und Familie – unabhängig von einem konkreten Bedarf des Kindes – über den Tod des Vermögensinhabers hinaus zu ermöglichen“.[6] In seinem Pflichtteilsrechtsbeschluss hat das BVerfG daher die verfassungsrechtlich verankerte Vorgabe einer zwingenden und bedarfsunabhängigen Mindestteilhabe der Erblasserkinder am Nachlass aufgestellt. Aus dem Beschluss der Verfassungsrichter lässt sich allerdings weder eine Vorgabe für die konkrete prozentuale bzw. quotale

1 Siehe dazu *Kaser/Knütel*, Römisches Privatrecht, § 70 Rn. 1 ff.

2 DJT vom 29. bis 31. August 1878 in Jena.

3 DJT vom 19. bis 22. September 1972 in Düsseldorf. Die Fragestellung lautete: „Empfiehlt es sich, das gesetzliche Erbrecht und Pflichtteilsrecht neu zu regeln?“.

4 DJT vom 17. bis 20. September 2002 in Berlin zu dem Thema „Ist unser Erbrecht noch zeitgemäß?“.

5 BVerfGE 112, 332, 352 f. = NJW 2005, 1561 = ZEV 2005, 301 = JZ 2005, 1001 = DNotZ 2006, 60 = MittBayNot 2006, 512; siehe hierzu die zahlreichen Besprechungen: *Gaier*, ZEV 2006, 2; *Herzog*, FF 2006, 86; *Kleensang*, DNotZ 2005, 509; *ders.*, ZEV 2005, 277; *Kuchinke*, FPR 2006, 125; *Lange*, ZErb 2005, 205; *Mayer*, FamRZ 2005, 1441; *Otte*, JZ 2005, 1007; *Rohlfing*, FamRB 2005, 204; *Stüber*, NJW 2005, 2122; *Weiler*, MittBayNot 2006, 296; *Münch*, FamRZ 2006, 226.

6 BVerfGE 112, 332, 353.

Höhe des Pflichtteilsrechts herauslesen noch eine verfassungsrechtlich gebotene Festlegung des Kreises der Pflichtteilsberechtigten über die Abkömmlinge hinaus. Vor allem das Pflichtteilsrecht der Eltern wird als nicht mehr zeitgemäß betrachtet.[7] Mit anderen Worten: Das BVerfG hat sich nicht dazu geäußert, ob diese Maßgaben einer „unentziehbaren angemessenen Teilhabe der Kinder am Nachlass des Erblassers" auch auf den überlebenden Ehegatten oder auch die Eltern zu übertragen sind, und es hat ferner auch keine Veranlassung gesehen, an der Höhe des deutschen Pflichtteils als Hälfte des gesetzlichen Erbteils zu rütteln, sondern sogar ausdrücklich konzediert, dass die Höhe des Pflichtteils „nicht verfassungsrechtlich strikt vorgegeben" sei.[8]

Die vielfach diskutierte Versorgungsfunktion des Pflichtteilsrechts ist – wenn man dem BVerfG folgt – keine gesetzgeberische Zielrichtung, die mit dem Mittel des Pflichtteils verfolgt wird.[9] Gegen eine mögliche Versorgungsfunktion des Pflichtteilsrechts wurde auch schon bisher (zu Recht) Kritik vorgebracht, die auf die sozialstaatlich garantierte Grundversorgung verwies.[10] Außerdem ist es heute zweifelhaft, ob das Pflichtteilsrecht eine Versorgungsfunktion überhaupt erfüllen könnte. Immerhin ist zum Zeitpunkt des Erbfalles zumeist aufgrund der gestiegenen Lebenserwartung eine finanzielle Versorgung bereits durch eigene Einkünfte und ein dadurch selbst gebildetes Vermögen abgedeckt.[11]

Auch einer möglichen vermögensbezogenen Teilhabefunktion des Pflichtteilsrechts scheint der Boden entzogen. Die Idee eines gemeinschaftlich erwirtschafteten „Familienvermögens", an dem jedes Familienmitglied wegen seiner zuvor geleisteten Mitwirkung am Vermögensaufbau teilhaben soll, widerspricht der gesellschaftlichen Realität.[12] Dies ist allerdings nicht dem im rechtswissenschaftlichen Schrifttum immer wieder beschworenen „Wandel von der Großfamilie zur Kernfamilie" geschuldet,[13] sondern die romantische Vorstellung einer aus mehreren Generationen gebildeten und unter einem Dach lebenden Großfamilie stellte schon in früheren

7 *Burandt*, FuR 2012, 246.
8 BVerfGE 112, 332, 355.
9 BVerfGE 112, 332, 348 ff., führt die Versorgungsfunktion (anders als die Beschwerdeführer, BVerfGE 112, 332, 339) nicht als Argument für die verfassungsrechtliche Verankerung des Pflichtteilsrechts an und betont, dass die Funktion des Pflichtteils – die Fortsetzung des ideellen und wirtschaftlichen Zusammenhangs von Vermögen und Familie – gerade unabhängig von einem konkreten Bedarf des Kindes besteht (BVerfGE 112, 332, 353).
10 *Otte*, ZEV 1994, 193, 194; MünchKomm/*Lange*, Bd. 9, § 2303 Rn. 7; Staudinger/*Haas*, Einl. § 2303 Rn. 18 f.
11 Zusammenfassend zu den sozialen Umwälzungen: *Dutta*, FamRZ 2011, 1829; zur alternden und sich öffnenden Gesellschaft *Röthel*, 68. DJT, S. A 15 ff.
12 *Lipp*, NJW 2002, 2001; *Lange*, AcP 2004, 804, 808; Münchener Anwaltshandbuch Erbrecht/*Thoma*, § 29 Rn. 3.
13 Vgl. etwa die Schrifttumsnachweise in der vorangehenden Fußnote.

Zeiten nicht den Regelfall dar.[14] Nur in sehr seltenen Fällen leisten die Abkömmlinge einen Beitrag zum Lebensunterhalt des Erblassers.

Eine gerade im ausgehenden 19. Jahrhundert und beginnenden 20. Jahrhundert heftig diskutierte Frage war diejenige, ob das Pflichtteilsrecht eine Verteilungsfunktion erfüllen solle, also dazu dienen solle, Großvermögen aus gesellschaftspolitischen Gründen zu zersplittern.[15] Das Ansinnen, mit dem Pflichtteilsrecht einer Vermögensakkumulation entgegenzuwirken, sorgt indes noch heute für Diskussionsstoff. Zwei Argumente sind entgegenzuhalten. Erstens konzentriert sich wirtschaftliche Macht heute primär nicht mehr in Vermögen natürlicher Personen, sondern in Vermögen juristischer Personen (insbes. Kapitalgesellschaften).[16] Zweitens birgt gerade für die in Deutschland daneben in hoher Zahl existierenden Familienunternehmen eine zu häufige Aufteilung dieser Unternehmen eine kaum zu überschätzende existentielle Gefahr.[17] Im Rahmen der Unternehmensnachfolge ist es hingegen ein legitimes Bestreben des Unternehmers, dessen Vermögen vor allem das Unternehmen selbst ist, die Zerschlagung seines funktionstüchtigen Unternehmens durch Pflichtteilsansprüche zu verhindern.[18] Die Dimension des Problems wird deutlich, wenn man sich vor Augen führt, dass im Zeitraum von 2010 bis 2014 rund 110.000 Unternehmer mit dem Problem des Generationenwechsels konfrontiert waren bzw. sind.[19]

Legitim mag das Bestreben des Erblassers, Pflichtteilsansprüche zu reduzieren, jedoch nicht nur im Unternehmenszusammenhang erscheinen. Auch im Hinblick auf das gemeinschaftliche Testament von Ehegatten, namentlich das Berliner Testament, bei dem der überlebende Ehegatte zunächst allein und ungehindert durch etwaige Pflichtteilsansprüche der ungeduldigen Kinder in den Genuss des Nachlasses kommen soll, wird es dem Erblasser darauf ankommen, dass Pflichtteilsansprüche vermieden werden.[20] Umgekehrt befürchten die Abkömmlinge, dass ihr „zukünftiges Erbe" – ungeachtet dessen, dass es ein solches rein rechtlich nicht gibt, sondern der Erbprätendent wenig mehr als eine Aussicht auf Erbschaft hat – durch aus ihrer Sicht unbotmäßiges Verhalten des überlebenden Ehegatten wie durch Eingehen ei-

14 Diesen „Mythos von der vorindustriellen Großfamilie" hat – was im soziologischen Schrifttum seit Langem anerkannt ist – bereits *Mitterauer* widerlegt, vgl. *Mitterauer*, Der Mythos von der vorindustriellen Großfamilie, in: Mitterauer/Sieder (Hrsg.), Vom Patriarchat zur Partnerschaft – Zum Strukturwandel der Familie, 1977, S. 38, 41 ff.

15 Staudinger/*Haas*, 2006, Einl. § 2303 Rn. 21; MünchKomm/*Lange*, Bd. 9 § 2303 Rn. 9.

16 *Dutta*, FamRZ 2011, 1829; *Lange*, AcP 2004, 804, 810; *Papantoniou*, AcP 1973, 382, 388.

17 *Dauner-Lieb*, DNotZ 2001, 461.

18 *Ivens*, ZEV 2010, 462; *ders*., ZEV 2010, 615; *ders*., ZEV 2011, 177.

19 Institut für Mittelstandsforschung, Unternehmensnachfolge in Deutschland 2010-2014, S. 20.

20 Vgl. Schlitt/*Müller*, § 11 Rn. 4.

ner neuen Lebenspartnerschaft bzw. Ehe, durch lebzeitige Verschwendung oder gar durch Adoption Dritter geschmälert werden könnte.[21]

Die Hauptmotivation zur Pflichtteilsminimierung ist aber sicher der Fall der – aus Sicht des Erblassers – „missratenen Kinder".[22] Ist die Beziehung zwischen Erblasser und Abkömmling zerrüttet, so soll der Abkömmling nicht auch noch am Nachlass partizipieren. Die reine Abstammung vermag schließlich kein familiäres Zusammengehörigkeitsgefühl und auch kein Bewusstsein, „für einander da zu sein", zu garantieren.[23] Oft ergeben sich zudem Probleme mit Kindern aus einer anderen Partnerschaft als der aktuellen im Zeitpunkt des Erbfalles. Kommt es schon zu Lebzeiten immer wieder zu Spannungen zwischen Erblasser und diesen Kindern, so können Testamente auch als Instrument der „postumen Rache" gegenüber Kindern missbraucht werden, die ihre Eltern – in welcher Form auch immer – enttäuscht haben.[24]

Alle diese skizzierten Motivationslagen veranschaulichen den Bedarf an rechtlich abgesicherten Pflichtteilsreduzierungs- oder Pflichtteilsminimierungslösungen. Es entsteht ein Spannungsfeld – erzeugt durch die verfassungsrechtliche Verankerung des Pflichtteils der Abkömmlinge als zwingender Nachlassteilhabe auf der einen Seite und dem praktischen Bedürfnis nach privatautonomer Gestaltungsfreiheit, die aus Erblasserperspektive möglichst ungehindert durch pflichtteilsrechtliche Teilhabe von Familienangehörigen verwirklicht werden will.

2. Pflichtteilsrecht nach der Erbrechtsreform im Jahr 2010

Der erwartungsvolle Blick auf die jüngste Erbrechtsreform, die am 1.1.2010 in Kraft getreten ist und von der man sich eine neue Austarierung des Pflichtteilsrechts hätte erwarten können, wird zwangsläufig enttäuscht.[25] Lediglich durch punktuelle Änderungen wurden zwar längst überfällige Reformen vorgenommen, wie etwa die Gesetzesrevision, den „alten Zopf" der Pflichtteilsentziehung wegen „ehrlosen und unsittlichen Lebenswandels wider den Willen des Erblassers" abzuschneiden. Im Großen und Ganzen ist die Reform indessen allenfalls als „kleiner Wurf" zu bezeichnen, der vielmehr darauf aus ist, punktuell zu justieren und lang beklagte Regelungslücken zu schließen.[26] In allzu ängstlicher Interpretation des Pflichtteilsrechts-Beschlusses des BVerfG aus dem Jahr 2005 hat der Gesetzgeber den Rahmen für die

21 *Burandt*, FuR 2012, 246, 248.
22 Dazu *Keim*, NJW 2008, 2072.
23 *Burandt*, FuR 2012, 246, 248.
24 *Keim*, NJW 2008, 2072.
25 So auch bereits zum Regierungsentwurf die Kritik von *Muscheler*, ZEV 2008, 105; ähnlich zum Referentenentwurf *Reimann*, FamRZ 2007, 1597, 1600, der von einer „kleine[n] Lösung" spricht.
26 Vgl. *Langenfeld*, NJW 2009, 3121.

Reform des Erbrechts sehr eng gezogen. Die aus der Erbrechtsgarantie des GG (Art. 14 I i.V.m. Art. 6 I GG) resultierende grundsätzlich unentziehbare und bedarfsunabhängige wirtschaftliche Mindestbeteiligung der Nachkommen am Nachlass[27] wurde entsprechend der bisherigen Gesetzeslage auf Ehegatten und Eltern übertragen, ohne in Erwägung zu ziehen, dies zu ändern, und obwohl eine Abschaffung des Pflichtteilsrechts des Ehegatten und der Eltern durchaus in Betracht gekommen wäre.

Als relevante gesellschaftliche Rahmenbedingungen, die eine Anpassung des Pflichtteilsrechts rechtfertigen können, nennt der Gesetzgeber zwar die unveränderte Bedeutung der traditionellen Ehe bei Zunahme anderer Lebensmodelle (nichtehelicher und gleichgeschlechtlicher Partnerschaften), das gewandelte Zusammenleben mit Kindern (Alleinerziehende und Lebensgemeinschaften mit Kindern), die Zunahme von Stieffamilien, eine infolge gestiegener Mobilität unterstellte Lockerung familiärer Bindungen und die Erhöhung des durchschnittlichen Lebensalters mit der Konsequenz steigender Pflegebedürftigkeit in der Bevölkerung.[28] Trotz dieser im Vergleich zur Situation bei Schaffung des BGB-Pflichtteilsrechts veränderten Rahmenbedingungen zieht der Gesetzgeber aber nicht die gebotenen Konsequenzen daraus. Nach Vorstellung des Gesetzgebers sollten „Vereinfachungen und Modernisierungen“ vorgenommen werden und das Reformziel dadurch erreicht werden, dass „das Selbstbestimmungsrecht und die Testierfreiheit des Erblassers zu erweitern, die Rechte der Erben gegenüber den Pflichtteilsberechtigten zu stärken [und] Leistungen aufgrund von Familiensolidarität stärker zu honorieren und auszugleichen“ seien.[29] Aufgrund der genannten Entscheidung des Bundesverfassungsgerichts zum Pflichtteilsrecht sah sich der Gesetzgeber dabei allerdings – wie ebenfalls bereits erwähnt – an der Abschaffung des Pflichtteilsrechts gehindert und glaubte sich vor allem an die Aspekte der Familiensolidarität und der familienschützenden Funktion des Pflichtteilsrechts gebunden.[30]

Die Änderungen durch die Erbrechtsreform sind damit insgesamt sehr moderat ausgefallen. Sie betreffen vor allem die Pflichtteilsentziehung und die Pflichtteilsergänzung, daneben aber auch die Pflichtteilsstundung (§ 2331a BGB), die Erstreckung des Zuwendungsverzichts auf die Abkömmlinge des Verzichtenden gemäß § 2352 S. 3 BGB i.V.m. § 2349 BGB, die – wie es in der Literatur heißt – „Beseitigung einer Gestaltungsfalle“[31] in § 2306 I BGB sowie Verjährungsfragen, um die bisher gesondert geregelte Verjährung familien- und erbrechtlicher Ansprüche an

27 BVerfGE 112, 332, 353.
28 Vgl. BT-Drs. 16/8954, S. 8.
29 Vgl. BT-Drs. 16/8954, S. 1.
30 BT-Drs. 16/8954, S. 8 f.
31 *Langenfeld*, NJW 2009, 3121, 3122.

die dreijährige Regelverjährung der Schuldrechtsreform anzupassen.[32] Avisiert, aber nicht umgesetzt wurde im Rahmen des Reformprozesses auch eine Änderung der nachträglichen Anrechnungsbestimmung durch den Erblasser (§ 2315 BGB).[33] Ebenfalls nicht umgesetzt wurde der Vorschlag, auf eine nachträgliche Ausgleichsbestimmung (§§ 2050 ff. BGB) und eine Erstreckung der Ausgleichung von Pflegeleistungen auf alle gesetzlichen Erben zu verzichten.[34] Im Folgenden sollen die im Zentrum der Reform befindlichen Reformierungen der Pflichtteilsentziehung und der Pflichtteilsergänzung überblicksartig skizziert werden.

Mit der Neuregelung der Pflichtteilsentziehungsgründe in § 2333 BGB werden die bisherigen, nicht mehr als zeitgemäß empfundenen Regelungen in den §§ 2333 bis 2335 BGB a.F. zusammengefasst und in einem einheitlichen Pflichtteilsentziehungsgrund gebündelt. Insbesondere der frühere Pflichtteilsentziehungsgrund des „ehrlosen und unsittlichen Lebenswandels wider den Willen des Erblassers" gemäß § 2333 Nr. 5 BGB a.F. wurde als unpassend und abschaffungswürdig bewertet.[35] Dieser Forderung ist der Gesetzgeber mit der Abschaffung des § 2333 Nr. 5 BGB a.F. nachgekommen. Die Vereinheitlichung der Pflichtteilsentziehungsgründe bezieht sich auf den Kreis der von einer Entziehung möglicherweise betroffenen Pflichtteilsberechtigten (bisher in verschiedenen Normen unterschiedlich geregelt) wie auch der durch die Regelung der Pflichtteilsentziehung geschützten Personen. Der einheitliche Pflichtteilsentziehungsgrund des § 2333 BGB gilt nun für alle Pflichtteilsberechtigten gleichermaßen. Außerdem werden – vereinfacht umschrieben – alle diejenigen Personen, die dem Erblasser nahe stehen, durch die Regeln der Pflichtteilsentziehung gleichermaßen geschützt. Schutzsubjekt kann neben dem Erblasser selbst auch dessen Neffe, Stiefkind oder nichteheliche Lebensgefährtin sein. Zur Einführung einer – im Vorfeld der Reform heftig diskutierten – allgemeinen Zerrüttungsklausel[36] konnte sich der Gesetzgeber allerdings nicht entschließen. Es blieb hingegen bei der abschließenden Aufzählung der einzelnen Entziehungsgründe ohne generalklauselartige Erweiterung.

Stattdessen wurde ein zusätzlicher Pflichtteilsentziehungsgrund eingefügt, der eine Entziehung des Pflichtteils bei sonstigem schweren Fehlverhalten oder einer began-

32 BT-Drs. 16/8954, S. 1; dazu näher *Hieke*, FPR 2008, 553 ff.; *Löhning*, FamRZ 2009, 2053; kritisch *Franck*, ZEV 2007, 114 ff.

33 BT-Drs. 16/13543, S. 20; *Langenfeld*, NJW 2009, 3121, 3124; *Odersky*, MittBayNot 2008, 2; *Keim*, MittBayNot 2008, 8; *Bonefeld*, ZErb 2007, 292.

34 BT-Drs. 16/13543, S. 17 ff.; *Langenfeld*, NJW 2009, 3121, 3124.

35 Vgl. die ausführliche Kritik bei *Herzog*, FF 2003, 19 ff.; *Dauner-Lieb*, FF 2001, 78, 81 f.; *Kluge*, ZRP 1976, 285 f.; *K. W. Lange*, AcP 204 (2004) 804, 817 ff.; *ders.*, ZErb 2008, 59, 63; *Leisner*, NJW 2001, 126, 127; *Martiny*, 64. DJT, S. A 5, A 104 ff.; *Schlüter*, FS 50 Jahre BGH, S 1047, 1075; *Schröder*, DNotZ 2001, 465, 471; *Soergel/Dieckmann*, Vor §§ 2333 ff. BGB Rn. 2.

36 Siehe z.B. das Gutachten von *Martiny*, 64. DJT, 2004, S. A 5, A 105.

genen Straftat erlaubt, das heißt einer rechtskräftigen Verurteilung wegen einer vorsätzlichen Straftat zu einer Freiheitsstrafe von mehr als einem Jahr ohne Bewährung. Voraussetzung der Pflichtteilsentziehung ist hier, dass die Belassung des Pflichtteils beim Berechtigten für den Erblasser unzumutbar wäre. Ein kritisch zu bewertendes Merkmal betrifft die Regelung in § 2336 Abs. 2 S. 2 BGB. Diese schreibt nicht nur vor, dass die als Entziehungsgrund dienende Straftat im Sinne von § 2333 Abs. 1 Nr. 4 BGB zum Zeitpunkt der Errichtung der letztwilligen Verfügung begangen sein und der Grund für die Unzumutbarkeit bereits vorgelegen haben muss, sondern auch, dass beides in der Verfügung angegeben werden muss. Derartige formale Hürden führen in der Praxis bereits bisher zu erheblichen Problemen.[37] Sie verhindern letztlich, dass das Institut der Pflichtteilsentziehung nach der Reform überhaupt eine – vom Reformgesetzgeber erwünschte – praktische Bedeutung erlangen kann.[38]

Die Pflichtteilsergänzung sieht in der neuen Fassung des § 2325 Abs. 3 BGB eine Abschmelzung *pro rata temporis* vor. Statt eines „Alles-oder-nichts-Prinzips" gilt also nun eine zeitliche Kompromisslösung, die in den zehn Jahren, die dem Erbfall vorausgehen, eine abgestufte Anrechnung vorsieht. Ziel dieser Neuregelung war es, die Ausschlussfrist flexibler zu gestalten und sowohl dem Erben als auch dem Beschenkten mehr Planungssicherheit einzuräumen.[39] Dementsprechend wurde die Neuerung allgemein begrüßt.[40]

In der Gesamtschau der Reform und ihrer praktischen Wirkungen zeichnet sich ab, dass sich die Diskussion um die Modernisierung des Erbrechts und insbesondere des Pflichtteilsrechts fortsetzen wird. Denn der notwendige „große Wurf" ist nicht gelungen und war vom Gesetzgeber offenbar auch nicht gewollt.[41]

3. Lebzeitige Gestaltungsmöglichkeiten zur Pflichtteilsminimierung

Grundsätzlich kann in Bezug auf Gestaltungsmöglichkeiten zur Pflichtteilsreduzierung unterschieden werden zwischen lebzeitigen Rechtsgeschäften und Handlungen bzw. Verfügungen von Todes wegen.

Das Gesetz sieht verschiedene Möglichkeiten zur Reduzierung des Pflichtteilsrechts vor. Zentral ist dabei sicher die Möglichkeit des Erb- oder Pflichtteilsverzichtsvertrags (§§ 2346 ff. BGB). Allerdings ist der Weg des Verzichts naturgemäß versperrt, sobald sich der Berechtigte sträubt, den Verzicht auf seinen Erbteil oder seinen Pflichtteil zu erklären. Herrscht Einvernehmen zwischen den Parteien, wird

37 *K.W. Lange*, ZErb 2008, 59, 61 ff.
38 Kritisch auch *Kroiß*, FPR 2008, 543, 546.
39 BT-Drs. 16/8954, S. 22.
40 Vgl. z.B. *Reimann*, FamRZ 2009, 1633, 1634.
41 Vgl. *Mayer*, ZEV 2010, 2.

häufig umgekehrt auch die Frage des Pflichtteils oder überhaupt der Erbberechtigung kein Diskussionsthema sein. Fehlt ein Einvernehmen, ist es sehr wahrscheinlich, dass ein Vertragsschluss in Bezug auf einen Verzicht nicht realisierbar ist. Denn selbst im Falle einer einvernehmlichen Planung der Vermögensnachfolge (z.B. in Unternehmerfamilien) ist das Thema des Pflichtteilsverzichts wegen der engen familiären Bindung zumeist höchst emotional besetzt.[42]

Als weitere Gestaltungsmöglichkeit kommt die Pflichtteilsentziehung gemäß § 2333 BGB in Betracht, die allerdings auch nach ihrer Neufassung noch immer recht begrenzt ist – um hier nicht mit den Kritikern[43] von „realitätsfern" zu sprechen. Dennoch stellt die Pflichtteilsentziehung in der Praxis die wichtigste Form des Pflichtteilsverlusts dar, obwohl die formellen und materiellen Anforderungen sehr hoch sind und es deswegen nur selten zu einer erfolgreichen Entziehung kommt.[44]

Kaum eine Begrenzungsmöglichkeit bietet schließlich die Pflichtteilsbeschränkung wegen Verschwendung oder Überschuldung gemäß § 2338 BGB. Diese Pflichtteilsbeschränkung hat (anders als die Pflichtteilsentziehung) keinerlei Straf- oder Sanktionscharakter, sondern erfolgt „in guter Absicht".[45] Aus diesem altruistischen Motiv heraus folgt als Schutzfunktion eine gewisse Art von – wie es *K. W. Lange* bezeichnet – „Zwangsfürsorge".[46] Die praktische Relevanz dieser Vorschrift – die durch die Reform von 2010 unverändert geblieben ist – bleibt außerordentlich gering, weshalb bisweilen ihre Existenzberechtigung in Frage gestellt wird.[47] Die Ursache für die mangelnde praktische Bedeutung dieses Rechtsinstituts lässt sich mit Blick auf die Rechtsfolge der Norm vermuten: Denn selbst eine wirksame Beschränkung führt nicht dazu, dass der Pflichtteilsberechtigte seinen Pflichtteil gänzlich oder auch nur teilweise verliert. Er behält seinen Pflichtteil vielmehr, doch wird dieser im Falle des § 2338 Abs. 1 S. 2 BGB (bei entsprechender Anordnung) unter Verwaltungstestamentsvollstreckung gestellt.[48]

Neben den genannten gesetzlich vorgesehenen Möglichkeiten bietet die Kautelarpraxis eine Reihe weiterer Wege zur Reduzierung des Pflichtteils, die sich insbesondere auf die vorweggenommene Erbfolge konzentrieren.[49] Die lebzeitige Vermögensübertragung ist ein beliebter Weg, um die Pflichtteilslast zu minimieren. Klare Grenze dieser Vermögensverschiebung ist das Pflichtteilsergänzungsrecht gemäß

42 *Röthel*, NJW 2012, 337, 338 ff.
43 M.w.N. *Langenfeld*, NJW 2009, 3121 f.; *Mayer*, ZEV 2010, 4.
44 MünchKomm/*Lange*, Bd. 9, § 2333 Rn. 1.
45 MünchKomm/*Lange*, Bd. 9, § 2338 Rn. 1.
46 MünchKomm/*Lange*, Bd. 9, § 2338 Rn. 2.
47 MünchKomm/*Lange*, Bd. 9, § 2338 Rn. 1; mit Kritik zur Existenzberechtigung Staudinger/*Olshausen*, 2006, § 2338 Rn. 5.
48 Siehe näher MünchKomm/*Lange*, Bd. 9, § 2338 Rn. 16.
49 Dazu z.B. *Sikora*/*Soutier*, JA 2012, 53 ff.; *Simon*, JuS 2012, 214 ff.

§ 2325 BGB.[50] Daneben werden verschiedene Wege zur Verminderung der Aktiva und zur Erhöhung der Passiva diskutiert.[51] Schließlich berechnet sich die Höhe des Pflichtteilsanspruchs nach § 2311 BGB nach dem zum Zeitpunkt des Erbfalls existierenden Vermögen respektive den zu diesem Zeitpunkt existierenden Verpflichtungen. Folglich wird bisweilen der Verbrauch des Vermögens zu Lebzeiten empfohlen.[52] Allerdings eignet sich dieser Weg natürlich nicht, um nur einzelne Pflichtteilsberechtigte auszuschließen, und jeder Erblasser, der diesen Weg beschreitet, setzt sich zudem grundsätzlich der Gefahr der Altersarmut aus.[53] Neben der Verminderung der Aktiva kommt umgekehrt auch eine Eingehung von Verpflichtungen zu Lebzeiten zur Erhöhung der Passiva in Betracht, da für die Berechnung des Nachlasswertes alle Verbindlichkeiten zu berücksichtigen sind, die zum Zeitpunkt des Erbfalles (zumindest im Keim) angelegt waren oder mit dem Erbfall entstanden sind.[54] Die Pflichtteilssumme wird durch jede zusätzliche Verbindlichkeit im Ergebnis entsprechend verringert. Doch droht auch hier für den Erblasser die Gefahr eigener übermäßiger lebzeitiger Beschränkung.

Die Pflichtteilsquote lässt sich außerdem durch Adoption und Eheschließung verringern.[55] Denn hierdurch wird der Kreis der Pflichtteilsberechtigten größer und folglich die Quote des Einzelnen geringer. Generell öffnet das Familienrecht neben den Möglichkeiten der Adoptionen und Eheschließungen weitere Türen zur Dämpfung des Pflichtteils. Der zentrale Schauplatz ist dabei das eheliche Güterrecht. Eingedenk der bekannten Tatsache, dass die unterschiedlichen Güterstände der Zugewinngemeinschaft, der Gütergemeinschaft und der Gütertrennung jeweils sowohl Vorteile als auch Nachteile bergen, liegt die Idee der Kombination der Vorteile in Form von sog. „Güterstandsschaukeln" nahe. Eine solche bedarf mindestens zweier Schritte. Im ersten Schritt wird der Nachlass des Erblassers dadurch vermindert, dass eine pflichtteilsfeste Übertragung von Vermögenswerten und dadurch ein erster Güterstandswechsel hin zur Gütertrennung vollzogen wird. Die dabei eintretende Erhöhung der Pflichtteilsquoten für die Abkömmlinge wird sodann durch einen zweiten Wechsel des Güterstands zurück zur Zugewinngemeinschaft ausgeglichen.[56] Häufig mögen die erwähnten Möglichkeiten der Reduzierung des Pflichtteils keinen denkbaren und praktikablen Weg für den Erblasser darstellen, weil weder Ehe-

50 Siehe unten Abschnitt III.

51 Siehe *Burandt*, FuR 2012, 246, 250 ff.

52 „Wer alles verbraucht oder verzehrt, hinterlässt nichts" so *Mayer*/Süß/Tanck/Bittler/Wälzholz, § 11 Rn. 98.

53 Daher warnend *Abele/Klinger/Maulbetsch*, § 2 Rn. 1; Schlitt/*Müller*, § 11 Rn. 22.

54 *Burandt*, FuR 2012, 246, 248; *Röthel*, NJW 2012, 337.

55 *Burandt*, FuR 2012, 246, 248; *ders.*, FuR 2012, 301, 307 f.; *Röthel*, NJW 2012, 337.

56 *Burandt*, FuR 2012, 301, 307; *Mayer*/Süß/Tanck/Bittler/Wälzholz, § 11 Rn. 108; *Abele/Klinger/Maulbetsch*, § 3 Rn. 28 ff.; Schlitt/*Müller*, § 11 Rn. 95.

schließung noch Adoption, weder Pflichtteilsentziehung noch Verminderung der Aktiva oder Erhöhung der Passiva in Betracht kommen. Doch lassen sich darüber hinaus weitere kreative Lösungen finden. Die Beratungspraxis empfiehlt zum Beispiel die Gründung von liechtensteinischen Stiftungen[57] oder den Erwerb von englischem Grundbesitz zur Verminderung der Aktiva.[58] So kann ein deutscher Erblasser durch den Erwerb von Immobilien in *common law*-Staaten, denen ein Pflichtteilsrecht bekanntermaßen fremd ist (und die stattdessen wie im Fall des englischen Rechts das Institut der *family provision* kennen),[59] diese Immobilien dem Nachlasses entziehen, der ansonsten dem deutschen Pflichtteilsrecht unterliegt.[60] An dieser Stelle werden die Kollisionsnormen des Internationalen Privatrechts genutzt, um über ein anwendbares ausländisches Recht der Pflichtteilsverpflichtung des BGB zu entgehen.[61]

II. Pflichtteilsverzicht als Königsweg

Der „eleganteste Weg", den Pflichtteil zu minimieren, bleibt jedoch der Weg des Pflichtteilsverzichts. Nach der Beratungsliteratur ist der Pflichtteilsverzicht sogar das einzig zweckmäßige und sicherste Mittel zur Pflichtteilsverminderung.[62] Er bedeutet letztlich eine Erweiterung der Testierfreiheit.[63] Ein näherer Blick auf die Voraussetzungen wie auch eventuelle Grenzen des Pflichtteilsverzichts ist daher angezeigt.

1. Form und Inhalt des Pflichtteilsverzichtsvertrags

Der Pflichtteilsverzicht schaltet Pflichtteilsansprüche endgültig aus und ist daher eine überaus interessante Lösung für den Erblasser. Für den Pflichtteilsverzicht ist als zulässige Beschränkung des Erbverzichts[64] – wie beim Erbverzicht – gemäß § 2348 BGB die notarielle Beurkundung vorgeschrieben. Dies mag eine gewisse Hürde darstellen, doch bietet diese Form Schutz vor übereilten Erklärungen. Für den Erblasser ist der Pflichtteilsverzichtsvertrag in vielen Fällen günstiger als der Erbverzichtsver-

57 Siehe m.w.N. *Röthel*, AcP 212 (2012), 157, 181 f.
58 *Burandt*, FuR 2012, 246, 248; *ders*., FuR 2012, 301, 303 ff.; *Röthel*, NJW 2012, 337.
59 Siehe *Röthel*, in: Kronke/Thorn (Hrsg.), Grenzen überwinden – Prinzipien bewahren, FS für Bernd von Hoffmann, 2011, S. 348, 351 ff.
60 *Burandt*, FuR 2012, 361, 364.
61 Siehe zum Internationalen Privatrecht unten Abschnitt IV.
62 *Röthel*, NJW 2012, 341; Schlitt/*Müller*, § 11 Rn. 8.
63 *Kollhosser*, AcP 194 (1994), 231, 259.
64 MünchKomm/*Wegerhoff*, Bd. 9, § 2346 Rn. 19.

trag. Denn bei Letzterem erhöht sich der Pflichtteil der übrigen Berechtigten – eine Konsequenz, die in den meisten Fällen vom Erblasser gerade nicht gewünscht ist. Das zu überwindende „Nadelöhr“ ist aber sicherlich, den Pflichtteilsberechtigten überhaupt zur Erklärung des Pflichtteilsverzichts zu bewegen.

Inhaltlich ist nicht nur der vollständige Verzicht, sondern eine Beschränkung des Pflichtteilsverzichts in jeder Art möglich, in der auch auf einen sonstigen Geldanspruch verzichtet werden kann.[65] Gegenstand des beschränkten Verzichts kann neben dem Verzicht auf den seiner Höhe nach genau bestimmten Pflichtteilsanspruch z.B. der Verzicht auf einen Bruchteil des ideellen Pflichtteils oder auch auf einen bestimmten Nachlassgegenstand (gegenständlich beschränkter Pflichtteilsverzicht) und ebenso auf den Pflichtteilsergänzungsanspruch sein.[66]

2. Erfordernis der Inhaltskontrolle?

Problematisch kann bei Pflichtteilsverzichtsverträgen u.U. die enge emotionale Verbundenheit der Parteien sein. Es scheint nicht ausgeschlossen, dass ein Kind „seinen Eltern zuliebe“ auf das Ansinnen, einen Pflichtteilsverzicht auszusprechen, eingeht, obwohl ihm die für ihn nachteilhafte Konsequenz bewusst ist. Diese Problematik betrifft denklogisch nur die Fälle, in denen überhaupt ein intaktes Eltern-Kind-Verhältnis vorliegt. Hinsichtlich eines eventuellen Missbrauchs des Pflichtteilsverzichts zeigt sich vor allem *Röthel* besorgt.[67]

Generell wird auch im Erbrecht bereits seit längerem eine gerichtliche Überprüfung von Erbverträgen und sonstigen erbrechtlichen Verfügungen vorgenommen. Besonders deutlich hat sich dies etwa an der „Hohenzollern“-Entscheidung des BVerfG gezeigt.[68] Erbrechtliche Verfügungen unterliegen danach jedenfalls dann einer Inhaltkontrolle, wenn ein Grundrecht des Bedachten mit der Testierfreiheit des Erblassers kollidiert.[69] Angesichts des hohen Stellenwerts der Testierfreiheit sind jedoch strenge Anforderungen zu erfüllen, bevor eine erbrechtliche Verfügung aus einem solchen Grund scheitert.[70]

Zur Lösung der eingangs aufgeworfenen Missbrauchsproblematik bei Pflichtteilsverzichtsverträgen zwischen emotional verbundenen Familienangehörigen (Eltern und Kindern) ließe sich aber noch an einen weiteren Kontrollmechanismus denken. Man könnte nämlich – wie es in der Literatur vielfach vorgeschlagen wird und aktu-

65 Siehe MünchKomm/*Wegerhoff*, Bd. 9, § 2346 Rn. 20.
66 MünchKomm/*Wegerhoff*, Bd. 9, § 2346 Rn. 20.
67 *Röthel*, NJW 2012, 337; *dies.*, AcP 212 (2012), 145, 157.
68 BVerfG, NJW 2004, 2008.
69 *Münch*, ZEV 2008, 571, 576.
70 *Münch*, ZEV 2008, 571, 576.

ell hoch umstritten ist – die Rechtsprechung[71] zu Familienbürgschaften und Eheverträgen fruchtbar machen und dementsprechend eine Inhaltskontrolle des Pflichtteilsverzichtsvertrags vornehmen.[72] Für eine solche Lösung scheinen verschiedene Argumente zu sprechen. So scheint in den Verzichtsfällen eine ähnliche Situation vorzuliegen, wie sie als auslösendes Moment einer Inhaltskontrolle vom BGH bereits anerkannt ist: Es korrelieren oftmals situative Machtungleichgewichte und emotionale Motivationslagen (anstelle einer rationalitätsbedingten Verzichts- bzw. Vertragsschlussmotivation) miteinander.[73] Die Verzichtsverträge beruhen oft nicht auf einem wechselseitigen Aushandeln, sondern können durch die besondere emotionale Verbundenheit der vertragsschließenden Parteien geprägt sein, die dazu führen kann, die Beziehungsentwicklung zu optimistisch und damit falsch einzuschätzen.[74] Unabhängig von der Volljährigkeit der Kinder können schließlich auch erziehungstypische Beherrschungs- und Belohnungsmuster wirken – kurzum: die sozioökonomische und psychologische Ungleichgewichtslage, die sich häufig beim Abschluss von Pflichtteilsverzichtsverträgen findet, ist durchaus vergleichbar mit der Ungleichgewichtslage, die bei Ehegatten nach der Rechtsprechung des BGH dazu führen soll, Bürgschaften oder Eheverträge zu kippen.[75] Die Vergleichbarkeit der Ausgangslage wird vor allem dann augenscheinlich, wenn man bedenkt, dass ein solcher Pflichtteilsverzicht im Regelfall kurz nach Eintritt der Volljährigkeit der Abkömmlinge geschlossen wird und dabei ein finanzieller Bonus und die Zufriedenheit der Eltern winken.[76] Oftmals begünstigt die Alternativlosigkeit des Verzichts auf Seiten der Erblasser das Risiko rücksichtslosen Handelns gegenüber den Erben bzw. Pflichtteilsberechtigten.[77] Vor dem geschilderten Hintergrund liegt es also nahe, sofern man eine Inhaltskontrolle nicht völlig ablehnt,[78] die Prüfungsmaßstäbe, die der BGH[79] und das BVerfG[80] für Familienbürgschaften und Eheverträge entwickelt haben, zu übertragen.[81] Auf diesem Weg würde man im Einzelfall zu ei-

71 BGHZ 158, 81; BVerfG, NJW 2001, 957.

72 MünchKomm/*Wegerhoff*, Bd. 9, § 2346 Rn. 35 ff.; Burandt/Rojahn/*Große-Boymann*, § 2346 Rn. 31; *Abele/Klinger/Maulbetsch*, § 2 Rn. 15; *Mayer*/Süß/Tanck/Bittler/Wälzholz, § 11 Rn. 66.

73 Vgl. auch *Röthel*, NJW 2012, 337, 338, die die Missbrauchskonstellation auf den prägnanten Nenner „situationstypische Durchsetzungsgefälle" und „verzichtstypische Rationalitätsdefizite" bringt.

74 *Röthel*, NJW 2012, 337, 338 f.

75 So zutreffend *Röthel*, NJW 2012, 337, 338.

76 Auch in dieser Einschätzung kann *Röthel*, NJW 2012, 337, 338, grundsätzlich gefolgt werden.

77 *Röthel*, NJW 2012, 337, 341.

78 MünchKomm/*Wegerhoff*, Bd. 9, § 2346 Rn. 35 ff.; *Abele/Klinger/Maulbetsch*, § 2 Rn. 14; *Weidlich*, NotBZ 2009, 158.

79 BGHZ 158, 81.

80 BVerfG, NJW 2001, 957.

81 Burandt/Rojahn/*Große-Boymann*, § 2346 Rn. 31.

ner Sittenwidrigkeit und Unwirksamkeit des Pflichtteilsverzichtsvertrags gelangen. Es bleibt jedoch zu überprüfen, ob auch der Regelungsbedarf und die zugrundeliegende gesetzgeberische Intention eine Übertragung dieser Grundsätze gebietet. Hier wird die Eilfertigkeit zur Anwendung der Inhaltskontrolle auf Pflichtteilsverzichtsverträge verhaltener.

Der Übertragung der Grundsätze zur Inhaltskontrolle von Familienbürgschaften und Eheverträgen stehen indessen gewichtige Gegenargumente entgegen. Den Pflichtteilsverzichtsvertrag generell einer Inhaltskontrolle zu unterziehen, bedeutet vor allem eine übermäßige Beschränkung der Privatautonomie. Eine derartige richterliche Inhaltskontrolle steht in einem unauflöslichen Konflikt zur Selbstbestimmung und Privatautonomie. Der Erblasser hat einen vom Gesetzgeber anerkannten und ausgesprochen weiten Gestaltungsspielraum, der gerade nicht durch eine gesetzlich vorgegebene besondere Rücksichtnahme der nächsten Angehörigen etwa im Hinblick auf deren Versorgung und Alimentation beschränkt ist.[82] Anders ist die Situation im Bereich der Eheverträge (und insbesondere der hierdurch geregelten Scheidungsfolgen), bei deren Inhaltskontrolle gerade der Aspekt des Ausgleichs ehebedingter Nachteile eine Rolle spielt.[83] Daneben muss vor allem im Erbrecht die Rechtssicherheit das oberste Gebot sein, denn für die nachträgliche Anpassung einer eingetretenen Erbfolge bleibt kein Raum mehr.[84]

Um dieser nicht unberechtigten Kritik zu begegnen, die das Ende der Gestaltungsfreiheit und der Rechtssicherheit befürchtet,[85] wird vorgeschlagen, eine Abstufung von mehr und weniger verzichtbaren Funktionen im Sinne der zu der Kontrolle von Eheverträgen entwickelten sog. Kernbereichslehre[86] vorzunehmen. Danach soll nur der Verzicht des bedürftigen Pflichtteilsberechtigten bedenklich sein.[87] Diesem Ansatz werden von *Röthel* jedoch wiederum (zu Recht) folgende Einwände entgegen gehalten. Zum einen müsste eine „Stufenleiter der Pflichtteilsfunktionen" erarbeitet werden, wenn man die von der Kernbereichslehre inzident etablierte Stufenleiter der Scheidungsfolgen auf das Pflichtteilsrecht übertragen wollte; dies scheint aber schon wegen der historischen Unklarheit der Funktionen des Pflichtteilsrechts ein unsicherer Weg zu sein.[88] Zum anderen würde die Übertragung der Kernbereichslehre, die die grundsätzliche Frage nach dem dispositiven und dem zwingenden Recht, also nach der Abgrenzung des Freiheitsgebrauchs vom Freiheitsmiss-

82 MünchKomm/*Wegerhoff*, Bd. 9, § 2346 Rn. 36.
83 MünchKomm/*Wegerhoff*, Bd. 9, § 2346 Rn. 36.
84 *Münch*, ZEV 2008, 571, 576.
85 MünchKomm/*Wegerhoff*, Bd. 9, § 2346 Rn. 35 ff.; Bamberger/Roth/*Mayer*, Bd. 3, § 2346 Rn. 39; *Muscheler*, FS für Spiegelberger, S. 1079, 1083 ff.
86 BGHZ 158, 81.
87 *Dutta*, AcP 209 (2009), 760; *Münch*, ZEV 2008, 576; *Wachter*, ZErb 2004, 238, 245.
88 *Röthel*, NJW 2012, 337, 339; siehe auch *Kapfer*, MittBayNot 2006, 385, 388.

brauch im Bereich der familialen Beziehung und vermögensrechtlichen Regelung berührt, im Ergebnis dazu führen, dass letztlich die Vermögenssituation des Verzichtenden ausschlaggebend ist.[89] Es würde damit der Fehler aus der Kontrolle der Familienbürgschaften weitergeführt und Übervorteilungen bzw. Überforderungen allein bei vermögenslosen Angehörigen als bedenklich eingestuft.[90] Solange die Pflichtteilsrechtsfunktionen weiter diskutiert werden, muss insbesondere der erste Einwand schwer wiegen. Aber auch der zweite Einwand hat einiges Gewicht, weil die Vermögensorientierung an der Person des Verzichtenden sachlich schlicht nicht gerechtfertigt ist. Das Pflichtteilsrecht soll gerade keiner Alimentierung dienen, sondern hat – wenn man die historischen Wurzeln betrachtet – vielmehr einen symbolhaften Charakter.

Um aber dennoch missbräuchlichem Verhalten mit rechtlichen Mitteln zu begegnen, schlägt *Röthel* eine allgemeine Missbrauchsschwelle vor, bei der nicht der Bezugspunkt des dispositiven Rechts maßgeblich sein, sondern es genereller darum gehen solle, die Grenzlinie zu bezeichnen, welche den Verzicht als berechtigter Wahrnehmung von Gestaltungsfreiheit vom Verzicht als Missbrauch i.S.e. Pflichtteilsumgehung trennt.[91] Die im Hinblick auf den Pflichtteil gewährte Gestaltungsfreiheit erkläre sich als Möglichkeit der Individualisierung der gesetzlich schematisierten Pflichtteilsquoten, die besser und nachhaltiger befrieden könne als starre gesetzliche Vorgaben und deshalb als berechtigtes Interesse die Abweichung vom gesetzlichen Leitbild rechtfertige, doch werde der soziale und ökonomische Sinn der Pflichtteilsgestaltungsfreiheit verfehlt, soweit ein solches berechtigtes Interesse nicht vorliegt.[92] Im Ergebnis spricht sich *Röthel* daher für eine teleologische Reduktion der Gestaltungsfreiheit gemäß § 2346 Abs. 2 BGB im Hinblick „auf den sozialen Sinn der Pflichtteilsgestaltung" aus.[93] Bedenkt man aber die hinsichtlich des Regelungsbedarfs unterschiedliche Situation beim Pflichtteilsverzicht einerseits und beim Ehevertrag zur Regelung von Scheidungsfolgen andererseits,[94] so scheint auch eine allgemeine Missbrauchsschwelle nicht notwendig zu sein. Denn in der Möglichkeit, auf eine symbolhafte und die Familiensolidarität manifestierende zwingende Nachlassteilhabe zu verzichten, und in der Ausübung dieser Verzichtsmöglichkeit verbirgt sich kein Missbrauchstatbestand.

Auch wenn die letztendliche Klärung dieses Streitstandes zur Durchführung einer Inhaltskontrolle oder Einführung einer allgemeinen Missbrauchsschwelle bei Erb- und Pflichtteilsverzichtsverträgen durch den BGH abzuwarten bleibt, kann als Zwi-

89 *Röthel*, NJW 2012, 337, 339.
90 *Röthel*, NJW 2012, 337, 339; so auch *Wagner*, in: Blaurock/Hager, S. 13, 30 ff.
91 Mit weiteren Argumenten *Röthel*, NJW 2012, 337, 339 f.
92 *Röthel*, NJW 2012, 337, 340.
93 *Röthel*, NJW 2012, 337, 340.
94 MünchKomm/*Wegerhoff*, Bd. 9, § 2346 Rn. 36.

schenstand der *tour d'horizon* festgehalten werden: Der Pflichtteilsverzicht scheint im Ergebnis tatsächlich der eleganteste, weil einfachste Weg zu sein, den Pflichtteil zu minimieren. Es erstaunt zwar, dass der Gesetzgeber diesen Weg überhaupt (ohne explizite eingrenzende Voraussetzungen) eröffnet hat. Denn bekanntlich ist das Pflichtteilsrecht ansonsten in sämtliche Richtungen außerordentlich gut abgesichert und vor fast jede denkbare Umgehungsmöglichkeit ein Riegel geschoben worden. In diesem Szenario muss § 2346 Abs. 2 BGB in der Tat wie „ein Freibrief zur Durchsetzung eines unentgeltlichen Pflichtteilsverzichts“[95] wirken. Angesichts dessen gar über die Abschaffung des Pflichtteilsverzichts – zumindest des Kindespflichtteilsverzichts – nachzudenken, ginge aber entschieden zu weit und wird daher im Schrifttum auch nicht vorgeschlagen. Die Kehrseite wäre nämlich, dass hierdurch die Gestaltungs- bzw. genauer: die Testierfreiheit in unerträglichem Maße eingeschränkt werden würde.[96] Sucht man eine umsichtige Behandlung der Problematik und berücksichtigt dabei die typischen Gestaltungsziele wie auch die Schwierigkeiten der Selbstbestimmung in den entsprechenden emotional aufgeladenen familiären Situationen, so bietet es sich zum Beispiel an, gesteigerte Form- und Beratungspflichten zu normieren.[97] Dies würde einen ausreichenden Schutz gewährleisten, so dass es nicht erforderlich ist, an die Stelle des einseitigen Pflichtteilsverzichts die gesetzlich vorgeschriebene beidseitig verantwortete und im Regelfall entgeltliche Pflichtteilsverzichtsvereinbarung zu setzen.[98] Allenfalls ließe sich ein Widerrufsrecht erwägen, welches den auf ihren Pflichtteil verzichtenden Kindern einzuräumen wäre und als ein „Reuerecht“ zum Beispiel an die Vollendung des 30. Lebensjahres anknüpfen könnte.[99] Zu lange Schwebezeiten sind jedoch bedenklich.

3. Qualifizierung der Abfindung als Gegenleistung?

Ein Pflichtteilsverzicht wird in vielen Fällen mit einer finanziellen Abfindung kombiniert (sog. entgeltlicher Erb- und Pflichtteilsverzicht). Dabei bereitet schon die Berechnung einer angemessenen Summe in der Praxis Probleme, da der Erblasser oft nicht den Wert und Umfang seines Vermögens darlegen will und außerdem die weitere wirtschaftliche Entwicklung bis zum Erbfall nie genau hervorzusehen ist.[100] Das Hauptproblem der Abfindung liegt aber darin, ob die geleistete Abfindung als unentgeltliche Zuwendung zu betrachten ist. Wenn dies der Fall wäre, müsste das

95 *Röthel*, NJW 2012, 337, 341.
96 Dies gesteht auch *Röthel*, NJW 2012, 337, 341 zu.
97 Siehe in diesem Sinne *Dutta*, AcP 209 (2009), 760, 787.
98 So aber *Röthel*, NJW 2012, 337, 341.
99 So *Röthel*, NJW 2012, 337, 341.
100 Schlitt/*Müller*, § 11 Rn. 13.

Pflichtteilsergänzungsrecht eingreifen. Die Rechtsprechung bejaht die Frage mit der Begründung, dass der Pflichtteilsverzicht und die Abfindung nicht in einem synallagmatischen Verhältnis zueinander stehen.[101] Die Abfindung ist nach Auffassung der Rechtsprechung als unentgeltliche Zuwendung, also als Schenkung, zu qualifizieren.[102] Demnach werden die anderen Pflichtteilsberechtigten durch den Pflichtteilsergänzungsanspruch geschützt.

III. Zur Reichweite der Sperrwirkung von Pflichtteilsergänzungsansprüchen

Lebzeitige Zuwendungen im Rahmen einer vorweggenommenen Erbfolge sind ein beliebtes Gestaltungsinstrument. Wichtigste Grenze ist das kürzlich reformierte Pflichtteilsergänzungsrecht. Mit der Erbrechtsreform wurde das bisherige „Alles-oder-Nichts-Prinzip" der Pflichtteilsergänzung durch eine flexible Abschmelzregelung ersetzt. Danach sind Schenkungen beim Pflichtteilsergänzungsanspruch umso weniger zu berücksichtigen, je weiter sie zeitlich zurückliegen: Die Schenkung im ersten Jahr vor dem Erbfall wird mithin voll berücksichtigt, im zweiten Jahr nur noch zu 9/10, im dritten Jahr zu 8/10 usw.[103] Eine Schenkung liegt dabei vor, wenn der Beschenkte aus dem Vermögen des Erblassers objektiv bereichert worden ist und sich die Parteien subjektiv über die Unentgeltlichkeit einig waren.[104] Die Beweislast für die Unentgeltlichkeit trägt der Pflichtteilsberechtigte.[105] Die Frist beginnt allerdings erst dann zu laufen, wenn das Geschenkte aus dem Vermögen des Erblassers auch tatsächlich ausgegliedert ist, also mit anderen Worten dann, wenn der Leistungserfolg der Handlung eingetreten ist.[106] Auch eheliche Zuwendungen werden grundsätzlich zum Schutz des Pflichtteilsberechtigten vor Vermögensverschiebungen – und zum Nachteil der Ehegatten – vom BGH als Schenkung behandelt.[107] Außerdem bietet § 2325 Abs. 3 S. 3 BGB dadurch Schutz, dass der Beginn nicht vor Auflösung der Ehe liegen kann.

Die Abschmelzungsregelung greift allerdings dann nicht ein, wenn schon keine „Leistung" i.S.v. § 2325 Abs. 3 S. 1 BGB vorliegt. Deswegen beginnt nach der

101 BGH, ZEV 2009, 77; NJW 1991, 1610; NJW 1986, 127.
102 Staudinger/*Schotten,* § 2346 Rn. 126; Schlitt/*Müller*, § 10, Rn. 11.
103 Siehe die Tabelle bei Schlitt/*Müller*, § 11 Rn. 53.
104 OLG Oldenburg, FamRZ 2000, 638; MünchKomm/*Lange*, Bd. 9, § 2325 Rn. 17; Burandt/ Rojahn/*Müller*, § 2325 Rn. 25; Palandt/*Weidlich*, § 2325 Rn. 7.
105 BGH, NJW 1972, 1709; OLG Oldenburg, NJW-RR 1992, 778; *Abele/Klinger/Maulbetsch*, § 2 Rn. 30; MünchKomm/*Lange*, Bd. 9, § 2325 Rn. 44.
106 Burandt/Rojahn/*Müller*, § 2325 Rn. 88 f.; MünchKomm/*Lange*, Bd. 9, § 2325 Rn. 59; BGHZ 102, 289, 292.
107 BGHZ 116, 167, 170 ff. = NJW 1992, 564, 565; OLG Koblenz, NJW-RR 2002, 512.

Rechtsprechung des BGH die Ausschlussfrist erst, wenn der Eigentümer seine Rechtsstellung aufgegeben hat und darauf verzichtet, das Schenkungsobjekt im Wesentlichen weiter zu nutzen. Dafür muss das Geschenk aus dem Vermögen des Erblassers wirtschaftlich ausgegliedert sein.[108] Bei der Schenkung von Grundbesitz beginnt die Frist mit der Umschreibung im Grundbuch.[109] Der Fristbeginn setzt aber nicht ein, wenn sich der Erblasser den Nießbrauch am übertragenen Grundbesitz auf Lebenszeit vorbehält.[110] Denn in dieser Situation muss der Erblasser nicht auf den Genuss des Gegenstandes verzichten und der Vermögensgegenstand ist noch nicht aus seinem Vermögen herausgenommen, sondern weiterhin diesem zugeordnet. Es kann daher auch nicht von einer Schenkung gesprochen werden. Die Sichtweise des BGH wird im Schrifttum als zu pragmatisch kritisiert, denn der BGH übersehe, dass schon die Übertragung selbst eine Leistung darstelle, deren Wert abschmelzen müsste.[111] Vom BGH noch nicht geklärt und von den Oberlandesgerichten unterschiedlich bewertet[112] ist die Frage, ob dies auch gilt, wenn der Erblasser sich ein Wohnungsrecht nach § 1093 BGB vorbehält.[113] M.E. müsste das Gleiche gelten.

Ebenfalls umstritten sind Fälle, in denen ein Rückforderungsrecht vereinbart wird.[114] Die Einordnung als Schenkung hängt hier davon ab, ob ein unbeschränktes oder ein hinreichend beschränktes Rückforderungsrecht vorliegt. Im ersteren Fall obliegt die Ausübung allein dem Erblasser und eine Schenkung muss verneint werden.[115] Umgekehrt liegen aber ein Leistungserfolg und damit auch eine Schenkung vor, sobald das Rückforderungsrecht beschränkt oder vom Willen des Beschenkten abhängig gemacht worden ist.[116] In diesem Fall beginnt auch die Abschmelzung im Rahmen der Pflichtteilsergänzung.

Soweit diese Einzelheiten beachtet und die Fristen möglichst ausgeschöpft werden, kann man die Schenkung zu Lebzeiten, die sog. Schenkung „mit warmer Hand“, als eine Möglichkeit zur Pflichtteilsreduzierung betrachten.

108 BGHZ 98, 226, 233 = NJW 1987, 122.

109 BGHZ 102, 289, 292 = NJW 1988, 821.

110 So vor der Reform: BGHZ 129, 395 = NJW 1994, 1791; nach der Reform: LG Berlin, Urt. v. 28.09.2010, 2 O 287/10; im Leitsatz OLG Köln, Urt. v. 24.06.2011, I-11 U 43/11.

111 MünchKomm/*Lange*, Bd. 9, § 2325 Rn. 64.

112 Leistung bejahend OLG Bremen, ZEV 2005, 312; OLG Oldenburg, ZEV 2006, 80; ablehnend OLG München, ZEV 2008, 480; OLG Düsseldorf, FamRZ 1999, 1546.

113 *Simon*, JuS 2012, S. 215.

114 MünchKomm/*Lange*, Bd. 9, § 2325 Rn. 63.

115 Burandt/Rojahn/*Müller*, § 2325 Rn. 102; MünchKomm/*Lange*, Bd. 9, § 2325 Rn. 63.

116 Burandt/Rojahn/*Müller*, § 2325 Rn. 101; MünchKomm/*Lange*, Bd. 9, § 2325 Rn. 63; *Winkler*, ZEV 2005, 89, 94; *Herrler*, ZEV 2008, 526.

IV. Parteiautonomie als kollisionsrechtliches Pendant der Privatautonomie

Wie aus den vorangehenden Ausführungen hervorgeht, dreht sich jede gestalterische Anstrengung der Beratungspraxis mit Recht darum, auch den letzten Winkel von Freiheit – von Testierfreiheit oder Vertragsfreiheit – auszunutzen, um die bestmögliche, maßgeschneiderte Lösung für jede einzelne Mandantschaft zu finden. Es verwundert daher nicht, wenn dieses Bemühen der optimalen Ausnutzung von Gestaltungsfreiheit auch auf internationaler Ebene fort gilt. Und die Fälle erbrechtlicher Kautelarpraxis mit Auslandsberührung nehmen beständig zu. Es lohnt sich also ein Blick auf das Internationale Privatrecht.

1. Nachlassspaltung durch beschränkte Rechtswahl

Wirft man den Blick zunächst auf das deutsche Kollisionsrecht, nämlich auf Art. 25 EGBGB, so zeigt sich eine Regelung, die zu vielfältigen Problemen in der Praxis führt.[117] Die Regelung der objektiven Anknüpfung (Art. 25 Abs. 1 EGBGB), wonach die Rechtsnachfolge von Todes wegen dem Recht des Staates unterliegt, dem der Erblasser im Zeitpunkt seines Todes angehörte, ist dabei nicht das eigentliche Problem. Problematisch ist vielmehr die in Abs. 2 des Art. 25 EGBGB normierte beschränkte Rechtswahlmöglichkeit. Nach dem Wortlaut der Kollisionsnorm kann „der Erblasser für im Inland belegenes unbewegliches Vermögen in der Form einer Verfügung von Todes wegen deutsches Recht wählen.“ Zu begrüßen ist hier zwar die – im europäischen Vergleich vorbildhafte – grundsätzliche Gewährung von Privatautonomie auch im erbrechtlichen Kontext. Das ist bisher nicht überall in Europa erlaubt. Schwierigkeiten bereitet aber die nur eng begrenzte Rechtswahlmöglichkeit. Der Gesetzgeber hat die Parteiautonomie doppelt beschränkt. Denn der Erblasser kann zum einen nur hinsichtlich seines unbeweglichen und in Deutschland belegenen Vermögens das anwendbare Recht wählen.[118] Er kann zum anderen nur zugunsten des deutschen Rechts optieren.[119] Es handelt sich also um eine einseitige Kollisionsnorm.

In der Praxis kommt es auf Grundlage dieser Kollisionsnorm häufig zu einer sog. Nachlassspaltung. Wenn also beispielsweise[120] ein ägyptischer Staatsangehöriger seinen gewöhnlichen Aufenthalt in Deutschland hat und sein Vermögen Immobilien in Ägypten und Deutschland umfasst, so ist im Fall seines Todes das ägyptische

117 MünchKomm/*Birk*, Bd. 11, Art. 25 EGBGB Rn. 127, 129.
118 MünchKomm/*Birk*, Bd. 11, Art. 25 EGBGB Rn. 47.
119 MünchKomm/*Birk*, Bd. 11, Art. 25 EGBGB Rn. 21.
120 Siehe den Fall des KG, Urt. v. 26.2.2008 – 1 W 59/07, ErbR 2008, 359; dazu *Obergfell*, ErbR 2008, 349 ff.

Erbrecht anwendbar, er kann aber bezüglich seines in Deutschland belegenen Immobilienbestands deutsches Erbrecht wählen. Damit zerfällt die rechtliche Behandlung des Nachlasses in zwei Teile: einen Teil, der nach ägyptischem Erbrecht zu bewerten ist, und einen Teil, der nach deutschem Erbrecht bewertet werden muss. Die immensen Schwierigkeiten, die entstehen, wenn es um die Pflichtteilsergänzung geht (auf welchen Nachlassteil bezogen?), kann man sich leicht ausmalen. Weitere Probleme entstehen dadurch, dass die betroffenen Personen je nach anwendbarem Recht unterschiedliche Rechtsstellungen haben, nämlich als obligatorisch Berechtigte oder materiell am Nachlass beteiligte Erben. Stellen wir uns nun zusätzlich vor, der ägyptische Erblasser hinterlässt auch einen außerehelich geborenen, nichtmuslimischen Sohn, so zeigen sich bei der erbrechtlichen Bewertung diametral entgegensetzte Ergebnisse. Nach ägyptischem Erbrecht ist der Sohn als außerehelich geborenes Kind illegitim und von der Erbfolge auszuschließen. Ein Ausschluss von der Erbfolge ergibt sich für den nichtmuslimischen Sohn außerdem aus dem ägyptischen Erbhindernis der Religionsverschiedenheit. Nach deutschem Erbrecht würde der nichteheliche Sohn selbstverständlich ohne besondere Konstellation des Falles seinen Pflichtteil bekommen. Und er erhält ihn bezogen auf das unbewegliche Vermögen, das in Deutschland belegen ist.

Die Frage des Pflichtteilsrechts ist damit zentral. In derartigen Konstellationen hat das Kammergericht z.B. entschieden, dass dies nicht gegen den deutschen *ordre public* gemäß Art. 6 EGBGB verstößt bzw. die Frage im Rahmen der Erbscheinerteilung als irrelevant betrachtet.[121] Die Rechtsprechung ist eher zurückhaltend, einen *ordre public*-Verstoß anzunehmen, wenn ein ausländisches Recht (wie die allermeisten) kein Pflichtteilsrecht kennt. Im Schrifttum werden hingegen Stimmen laut, die gerade im Hinblick auf den Pflichtteilsrechtsbeschluss des BVerfG von 2005 einen Verstoß gegen den deutschen *ordre public* annehmen. Manche differenzieren danach, ob es sich um minderjährige und bedürftige Pflichtteilsberechtigte handelt[122] oder danach, ob der Betreffende ohne Unterhaltssicherung durch die Pflichtbeteiligung am Erbteil der deutschen Sozialhilfe zur Last fällt.[123] Andere halten generell einen Verstoß gegen den *ordre public*-Vorbehalt für gegeben, wenn das fremde Recht weder einen Pflichtteilsanspruch noch ein Noterbrecht vorsieht.[124]

Eine pauschale Annahme der *ordre public*-Widrigkeit ausländischer Erbrechte ohne Pflichtteilsrecht ist aber keinesfalls angezeigt. Dies erklärt sich schon aus dem Wesen des *ordre public*-Vorbehaltes. Er soll nicht *per se* das nationale zwingende

121 KG, Urt. v. 26.2.2008 – 1 W 59/07, ErbR 2008, 359.

122 Staudinger/*Dörner*, Art. 25 EGBGB Rn. 731; *Dörner*, IPRax 1994, 363 f.

123 MünchKomm/*Birk*, Bd. 11, Art. 25 EGBGB Rn. 113; *Klingelhöffer*, ZEV 1996, 258, 259; *Gruber*, ZEV 2001, 463, 468.

124 Vgl. *Pentz*, ZEV 1998, 449, 450; aber noch auf weitere Prüfungspunkte abstellend *Pfundstein*, S. 253.

Recht gegen die Anwendung ausländischen Rechts durchsetzen. Der Grundsatz der Gleichwertigkeit ausländischen und nationalen Rechts darf nicht ausgehebelt werden. Findet sich im ausländischen Recht ein funktional gleichwertiges Instrument (wie z.B. die *family provision* im englischen Recht)[125], so besteht kein Bedürfnis zur Berufung auf den eigenen *ordre public*. Schon gar nicht kann der *ordre public* als Hebel eingesetzt werden, um eine funktionsäquivalente zwingende Mindestbeteiligung naher Familienangehöriger im ausländischen Recht, die als zu gering empfunden wird, anzuheben. Dies lässt sich sogar mit dem für die gegenteilige Ansicht herangezogenen Pflichtteilsrechtsbeschluss des BVerfG begründen. Bekanntlich hat das BVerfG in diesem Beschluss deutlich hervorgehoben, dass der Gesetzgeber einen „wieten Gestaltungsspielraum" hinsichtlich der rechtlichen Ausgestaltung des Pflichtteilsrechts habe.[126] Er könne anstelle des Geldanspruchs eine dingliche Nachlassbeteiligung einführen und auch die Höhe der zwingenden Nachlassteilhabe ist nach der Entscheidung des BVerfG „nicht verfassungsrechtlich strikt vorgegeben".[127]

2. Europäische Harmonisierung des Erbkollisionsrechts

Die nun verabschiedete EU-ErbVO[128] ist das Ergebnis einer erstmaligen europäischen Entwicklung im Bereich des Kollisionsrechts in Erbangelegenheiten. Die EU-ErbVO stellt mit den Verordnungen Rom I bis III und Brüssel I und IIa und der Unterhaltsverordnung einen weiteren Schritt auf dem Weg der Vereinheitlichung des Zivilverfahrens- und Privatrechts in der Europäischen Union dar.[129] Mit der EU-ErbVO sind gravierende Veränderungen verbunden, da sie die erbkollisionsrechtliche Anknüpfung an die Staatsangehörigkeit durch den letzten gewöhnlichen Aufenthaltsort ersetzt und ein einheitlich geltendes Europäisches Nachlasszeugnis einführt, das die Abwicklung grenzüberschreitender Nachlässe vereinfachen soll.[130]

Kern der neuen Verordnung ist ihr Kapitel III. Hier sind die universelle Anwendbarkeit, das allgemeine Erbstatut und die Gültigkeit von Verfügungen von Todes wegen geregelt. Nach Art. 21 Abs. 1 EU-ErbVO „unterliegt die gesamte Rechts-

125 *Röthel*, in: Kronke/Thorn (Hrsg.), Grenzen überwinden – Prinzipien bewahren, FS für Bernd von Hoffmann, 2011, S. 348, 362.

126 BVerfGE 112, 332, 355.

127 BVerfGE 112, 332, 355.

128 VO (EU) Nr. 650/2012 v. 4. Juli 2012 über die Zuständigkeit, das anzuwendende Recht, die Anerkennung und Vollstreckung von Entscheidungen und die Annahme und Vollstreckung öffentlicher Urkunden in Erbsachen sowie zur Einführung eines Europäischen Nachlasszeugnisses; Amtsblatt (EU) v. 27.7.2012 Nr. L 201, S. 107 ff.

129 *Simon/Buschbaum*, NJW 2012, 2393.

130 Amtsblatt (EU) v. 27.7.2012 Nr. L 201, S. 107, 114 Erwägungsgr. 67.

nachfolge von Todes wegen dem Recht des Staates, in dem der Erblasser im Zeitpunkt seines Todes seinen gewöhnlichen Aufenthalt hatte." Danach ist der Hauptanknüpfungspunkt für das anwendbare Recht nicht mehr die Staatsangehörigkeit, sondern der gewöhnliche Aufenthaltsort des Erblassers. Diese neue Anknüpfung war nicht unumstritten.[131] Während des Gesetzgebungsprozesses wurde nachdrücklich auf die strukturellen Schwächen dieser Anknüpfung hingewiesen.[132] Der europäische Verordnungsgeber begründet seine Entscheidung für das Prinzip des gewöhnlichen Aufenthalts hingegen damit, dass in Anbetracht der zunehmenden Mobilität der Bürger das Erbrecht desjenigen Mitgliedstaates einschlägig sein soll, in dem eine tatsächliche Verbindung zum Nachlass besteht. Dazu soll die zuständige Behörde eine Gesamtwürdigung der Lebensumstände des Erblassers in den Jahren vor dem Tod vornehmen. Es sollen dabei alle relevanten Tatsachen berücksichtigt werden, wie etwa die Dauer und die Regelmäßigkeit des Aufenthaltes sowie die damit zusammenhängenden Umstände und Gründe. Es muss im Ergebnis eine besonders enge und feste Bindung zu dem betreffenden Staat erkennbar sein.[133] In den Fällen, in denen der Erblasser – aus beruflichen oder wirtschaftlichen Gründen – sich in einen anderen Staat begeben hat, aber dennoch eine solche enge und feste Bindung zu seinem Heimatland aufrecht erhalten hat, soll davon ausgegangen werden, dass der Herkunftsstaat weiterhin der gewöhnliche Aufenthaltsort ist, in dem sich in familiärer und sozialer Hinsicht sein Lebensmittelpunkt befand.[134]

Art. 21 Abs. 2 EU-ErbVO enthält eine Ausweichklausel, die im Kommissionsvorschlag noch nicht vorgesehen war, mit folgendem Wortlaut: „Ergibt sich ausnahmsweise aus der Gesamtheit der Umstände, dass der Erblasser im Zeitpunkt seines Todes eine offensichtlich engere Verbindung zu einem anderen als dem Staat hatte, dessen Recht nach Absatz 1 anzuwenden wäre, so ist auf die Rechtsnachfolge von Todes wegen das Recht dieses anderen Staates anzuwenden." In seiner Begründung nennt der Verordnungsgeber als Beispiel hierfür einen Erblasser, der erst kurz vor seinem Tod seinen gewöhnlichen Aufenthaltsort in einen anderen Staat verlegt hat, aber weiterhin enge Verbindungen zu dem vorigen Aufenthaltsstaat behalten hat.[135]

Für die Fragestellung dieses Beitrags wichtig ist die dem Erblasser zugestandene Rechtswahlmöglichkeit. So wird dem Erblasser gemäß Art. 22 EU-ErbVO die Befugnis eingeräumt, in begrenzter Form das anwendbare Erbrecht zu wählen: Nach Abs. 1 der Vorschrift kann „eine Person [...] für die Rechtsnachfolge von Todes wegen das Recht des Staates wählen, dem sie im Zeitpunkt der Rechtswahl oder im

131 Vgl. *Janzen*, DNotZ 2012, 484, 485.
132 Vgl. DNotI-Report 2012, 121.
133 Amtsblatt (EU) v. 27.7.2012 Nr. L 201, S. 107, 109 Erwägungsgr. 23.
134 Amtsblatt (EU) v. 27.7.2012 Nr. L 201, S. 107, 109 Erwägungsgr. 24.
135 Amtsblatt (EU) v. 27.7.2012 Nr. L 201, S. 107, 109 Erwägungsgr. 25.

Zeitpunkt ihres Todes angehört. Eine Person, die mehrere Staatsangehörigkeiten besitzt, kann das Recht eines der Staaten wählen, denen sie im Zeitpunkt der Rechtswahl oder im Zeitpunkt ihres Todes angehört“. Als Ziel der Rechtswahl bleibt die Staatsangehörigkeit damit von Bedeutung.[136] Dass sich das Prinzip der Parteiautonomie auch im Erbkollisionsrecht durchsetzt, ist eine erfreuliche Entwicklung. Allerdings wurde der so begrüßenswerte wie richtige Vorschlag des MPI Hamburg für eine erhebliche Erweiterung der Rechtswahlmöglichkeit (Rechtswahl nicht nur zugunsten des Heimatrechts, sondern auch zugunsten des Rechts am gewöhnlichen Aufenthalt des Erblassers, des Güterrechtsstatuts oder des Belegenheitsstatuts von Immobilien)[137] leider nicht in die Realität umgesetzt.[138]

Gegenüber dem ursprünglichen Kommissionsentwurf (Art. 17 EU-ErbVO-E von 2009) ist die Regelung der Situation der Mehrstaatler eingefügt worden und die Möglichkeit zur Rechtswahl wurde erweitert. Der Kommissionsentwurf sprach undifferenziert noch von der Wahl des Rechts des Staates, „dessen Staatsangehörigkeit (der Erblasser) besitzt“. Unklar war, ob damit die Staatsangehörigkeit allein zum Zeitpunkt der Rechtswahl gemeint war oder auch zum Zeitpunkt des Todes. Bei einer Auslegung im ersteren Sinne würde eine einmal getroffene Rechtswahl vom späteren Wechsel der Staatsangehörigkeit unberührt bleiben.[139]

In puncto Pflichtteilsrecht bekräftigt der geänderte Entwurf lediglich, dass dieses dem anwendbaren Recht (und damit auch dem gewählten Recht) unterliegt (Art. 23 Abs. 2 lit. h EU-ErbVO). Die Pflichtteilsrechte werden dadurch geschützt, dass der Testierende nach Art. 22 Abs. 1 EU-ErbVO nur das Recht seines Heimatstaates wählen kann. Allerdings kann nach der Regelung der EU-ErbVO ein Umzug, der einen Statutenwechsel nach sich zieht, materiellrechtlich eine Pflichtteilsreduzierung bewirken.[140] Diese Gestaltungsmöglichkeit ist „nach dem Geiste der Verordnung“ grundsätzlich hinzunehmen.[141]

Dem nach der Verordnung anwendbaren Erbrecht unterliegt grundsätzlich der gesamte Nachlass ohne Rücksicht auf dessen Belegenheit (Art. 23 Abs. 1 EU-ErbVO formuliert den Grundsatz der Nachlasseinheit). Eine Nachlassspaltung, wie sie im deutschen Recht von Art. 25 Abs. 2 EGBGB ermöglicht wird, ist nicht mehr zulässig.[142] Dennoch lassen sich die Fälle einer Nachlassspaltung nicht völlig verhindern,

136 *Janzen*, DNotZ 2012, 484, 486.
137 Siehe MPI, RabelsZ 74 (2010), 522, 606 ff.
138 *Obergfell*, Anuario Español de Derecho Internacional Privado 2012, 407, 412 f.
139 *Remde*, RNotZ 2012, 65, 73.
140 *Simon/Buschbaum*, NJW 2012, 2393, 2395.
141 *Lange*, ZVglWiss 110 (2011), 426, 439.
142 *Simon/Buschbaum*, NJW 2012, 2393, 2395 f.

da auch die Verordnung Rück- und Weiterverweisungen in bestimmten Grenzen zulässt,[143] wie zum Beispiel in Art. 30 EU-ErbVO.
In Art. 35 enthält die EU-ErbRVO jetzt einen allgemeinen *ordre public*-Vorbehalt, der mit dem Wortlaut der entsprechenden Regelungen in den Rom-I- und Rom-II-Verordnungen übereinstimmt. Die ursprüngliche Erwähnung des Pflichtteilsrechts im Zusammenhang mit dem *ordre public*-Vorbehalt wurde im geänderten Art. 35 EU-ErbVO-E 2009 gestrichen. Art. 27 Abs. 2 EU-ErbVO-E 2009 lautete noch: „Die Anwendung einer Vorschrift des nach dieser Verordnung bezeichneten Rechts kann nicht allein deshalb als mit der öffentlichen Ordnung des Staates des angerufenen Gerichts unvereinbar angesehen werden, weil sie den Pflichtteilsanspruch anders regelt als das Recht am Ort des angerufenen Gerichts". Auch nach diesem Wortlaut war allerdings offen, ob dies eine Anwendung des *ordre public*-Vorbehalts ausschließen konnte, wenn im ausländischen Recht überhaupt kein Pflichtteilsrecht existiert oder die Teilhabe wesentlich niedriger ausfällt als im eigenen Recht.[144]

Es bleibt damit auch auf europäischer Ebene dabei: Das inländische Recht kann nicht *per se* einen Vorrang gegenüber dem anzuwendenden ausländischen Recht beanspruchen. Nach kollisionsrechtlichen Prinzipien ist von der Gleichwertigkeit der Rechtsordnungen auszugehen. Nur in ganz unerträglichen Fällen kann der *ordre public*-Vorbehalt ausnahmsweise dem ausländischen Recht punktuell die Anwendung versagen. Dem Pflichtteilsrecht einen pauschalen Vorrang vor ausländischen Rechtsordnungen beizumessen, die eine abweichende Regelung besitzen, würde dieses Regel-Ausnahme-Verhältnis schlicht „auf den Kopf stellen" und ist damit im Ergebnis abzulehnen.[145] Auch künftig ist das Pflichtteilsrecht nicht generell *ordre public*-relevant.

Die Verordnung ist am 16. August 2012 in Kraft getreten und wird auf alle Erbfälle Anwendung finden, die sich in drei Jahren nach ihrem Inkrafttreten ereignen, also ab dem 17. August 2015. Die Regelungen in Art. 83 Abs. 3, 4 EU-ErbVO gewährleisten einen Bestandsschutz für bislang errichtete letztwillige Verfügungen. Die Verordnung findet im Bereich der gesamten EU Anwendung mit Ausnahme des Vereinigten Königsreichs, Irlands und Dänemarks.

Unter dem Strich wird das Erbstatut durch die künftige europäische Regelung erheblich flexibilisiert, obwohl die gewährte Rechtswahlmöglichkeit noch zu engherzig ist. Denn schon im Rahmen der objektiven Anknüpfung an den gewöhnlichen Aufenthalt wandert das Anknüpfungsmoment nicht mehr mit, sondern es kommt zu einem Statutenwechsel. Ob man will oder nicht ist damit grundsätzlich immer das Ortsrecht maßgeblich. Umgekehrt kann man aber seinen Aufenthaltsort gezielt in einem für die eigenen Belange günstigeren Rechtskreis wählen und damit einfacher

143 *Janzen*, DNotZ 2012, 484, 487.
144 *Remde*, RNotZ 2012, 65, 83.
145 So zutreffend auch *Remde*, RNotZ 2012, 65, 83.

die kollisionsrechtliche Bewertung beeinflussen als durch den Wechsel der Staatsangehörigkeit. Ob sich dadurch auch eine neue Möglichkeit bietet, das deutsche Pflichtteilsrecht zu vermeiden, bleibt zu klären und ist m.E. zu bejahen. Die Klärung hängt von der *ordre public*-Widrigkeit einer Umgehung des Pflichtteilsrechts ab.[146]

V. Schlussbetrachtung

Wenn man das nachgezeichnete Tableau erb- und kollisionsrechtlicher Probleme betrachtet, kann man nur zu der ernüchternden Feststellung gelangen, dass die Pflichtteilsrechtsdiskussion alles andere als beendet ist. Weder der Pflichtteilsrechtsbeschluss des BVerfG noch die kollisionsrechtliche Harmonisierung auf europäischer Ebene vermochten es, die vielfältigen rechtlichen Beurteilungsschwierigkeiten des Pflichtteilsrechts zu klären. So bleiben bei Lichte betrachtet die (verfassungs-) rechtliche Zulässigkeit zahlreicher Pflichtteilsdämpfungsmechanismen, wie insbesondere der Pflichtteilsverzichtsvereinbarung, offen, ungeklärt ist bislang aber z.B. auch, ob für das Ehegattenpflichtteilsrecht die gleichen verfassungsrechtlichen Vorgaben gelten wie für den Kindespflichtteil. Die Bewertungsexpertise der Rechtsanwälte und Notare bleibt also weiterhin dringlich gefragt. Leitlinien der Beratung sind nach wie vor die materielle Testierfreiheit des Erblassers und Gestaltungsfreiheit auf Seiten der Pflichtteilsberechtigten wie die kollisionsrechtliche Parteiautonomie, die nach der neuen EU-ErbVO künftig europaweit Geltung beansprucht.

146 Siehe dazu *Pfundstein*, S. 95 ff.

Pflichtteilsdämpfung bei Überlassungsverträgen durch flankierende Maßnahmen, insbesondere des Gesellschafts- und Familienrechts*

von Notar Dr. Arne Everts, Berchtesgaden

Werden die Erben auf Auszahlung des Pflichtteils in Anspruch genommen, kann dies – gerade wenn der Nachlass überwiegend aus Immobilien und/oder Betriebsvermögen besteht – zu einer Bedrohung dieses Substrats und damit der wirtschaftlichen Existenz der Erben führen. Der Erblasser sollte deshalb versuchen, das Pflichtteilsrisiko nicht nur mittels letztwilliger Verfügung (um entsprechende Gestaltungen geht es bei meiner Darstellung nicht), sondern auch im Vorfeld zu begrenzen.

Die nachfolgenden Ausführungen sollen einen Überblick zu den pflichtteilsrechtlichen Gestaltungsmöglichkeiten geben, die eine Erbfolge, eine vorweggenommene zumal, flankieren könnten. Der Schwerpunkt wird dabei – der KMU-Ägide der Veranstaltung geschuldet – a) auf betrieblichen Übergaben und b) auf solchen kautelarjuristischen Mitteln außerhalb des Erbrechts liegen, die nicht auf den ersten Blick pflichtteilsrelevant scheinen. Zunächst soll aber kurz allgemein auf diejenigen Instrumente eingegangen werden, die speziell dem Pflichtteilsrecht selbst entstammen und außerhalb letztwilliger Verfügungen getroffen werden können:

A. Maßnahmen aus dem Pflichtteilsrecht

I. Pflichtteilsverzicht

Den einfachsten und sichersten Weg zur Minimierung oder vollständigen Vermeidung der Pflichtteilsproblematik bietet die notariell zu beurkundende Erklärung eines Pflichtteilsverzichts (§ 2346 Abs. 2 BGB). Ein solcher Pflichtteilsverzicht kann bekanntlich bruchteilsmäßig (Änderung der Quote) oder in der Weise beschränkt werden, dass

- nur bestimmte Vermögensgegenstände (z. B. aus Anlass der entsprechenden Übergabebeurkundung das betriebliche Vermögen oder Gesellschaftsbeteiligungen oder Immobilien) aus der Berechnungsgrundlage für den Pflichtteil herausgenommen werden, sog. gegenständlich beschränkter Pflichtteilsverzicht, oder

* Das Typoskript lag in dieser Form bereits dem Vortrag zugrunde. Der Vortragsstil wurde daher weitgehend beibehalten und lediglich an der ein oder anderen Stelle noch um weitere Nachweise oder bis zur Drucklegung publizierte Rechtsprechung ergänzt, Anm. d. *Verf.*

- bestimmte Festlegungen im Hinblick auf die Berücksichtigung des unternehmerischen Vermögens beim Pflichtteil getroffen werden, z.B. im Hinblick auf dessen Bewertung oder durch die Vereinbarung von bestimmten Höchstgrenzen.

Dass der Verzichtende eine Gegenleistung für seine Erklärung erhält, ist nach dem Gesetz keine Voraussetzung für deren Wirksamkeit. In der Praxis werden Verzichtserklärungen gleichwohl häufig nur gegen eine Abfindung oder eine vergleichbare Gegenleistung zu erlangen sein. Lassen sich solche Leistungen nicht aus dem Privatvermögen des Erblassers erfüllen, so bietet sich die lebzeitige Einräumung von stillen Beteiligungen oder von Unterbeteiligungen an Gesellschaftsanteilen als denkbare Gegenleistung an. Wichtig zu bedenken und bei gerechter Kompensation meist auch zu erlangen ist im unternehmerischen Bereich der Pflichtteilsverzicht von Ehegatten – denn dort sind regelmäßig auch Vorsorgemaßnahmen für die Trennung/Scheidung mittels Ehevertrag möglich und nötig, so dass die Pflichtteilsproblematik hier zumindest immer mit angesprochen werden wird.

Zur Vermeidung jedweder Zweifel sollte im Pflichtteilsverzichtsvertrag zur Klarstellung ausdrücklich festgehalten werden, dass sich der Verzicht auch auf die Abkömmlinge des Verzichtenden erstreckt (vgl. § 2349 BGB), schon um Überraschungen im Zusammenhang mit § 2309 BGB aus dem Weg zu gehen.[1] Weiterhin sollte der Verzicht auf den Pflichtteil beschränkt werden (ein Pflichtteilsverzicht ist ein legal definierter eingeschränkter Erbverzicht). Die Vereinbarung eines umfassenden Erbverzichts ist überflüssig und gefährlich. Überflüssig, weil die Erbfolge ohnehin per Testament geregelt werden sollte und der Verzicht auf das gesetzliche Erbrecht somit keinen Vorteil bringt – gefährlich, weil der vollständige Erbverzicht gemäß § 2310 S. 2 BGB die Pflichtteile der übrigen Abkömmlinge erhöht, nicht hingegen der reine Pflichtteilsverzicht. Ferner kann der Erbverzicht über die ohnehin sehr schwer zu durchdringende Vorschrift des § 2309 BGB an anderer Stelle Pflichtteilsberechtigungen unerwartet gleichsam „entstehen“ lassen.[2] Die fälschliche Empfehlung eines umfassenden Erbverzichts kann nach Maßgabe der Rspr. zur Schadensersatzverpflichtung des Beraters führen.[3]

1 Vgl. hierzu BGH, DNotZ 2012, 782 und die daran anknüpfenden praktischen Schlussfolgerungen von *Röhl*, DNotZ 2012, 724, 729 f.

2 Vgl. BGH, DNotZ 2011, 866 = MittBayNot 2012, 133 = FamRZ 2011, 971; BGH, DNotZ 2012, 782 sowie verbleibende Problemlagen bei *Röhl*, DNotZ 2012, 724, 730.

3 BGH, NJW 1990, 2063.

II. Pflichtteilsentziehung und Pflichtteilsbeschränkung in guter Absicht

Der Erblasser kann seinen nahen Angehörigen ihr Pflichtteilsrecht entziehen, wenn die in § 2333 BGB abschließend genannten Gründe vorliegen. Die Pflichtteilsentziehung kann nur in einer letztwilligen Verfügung erfolgen (§ 2336 Abs. 1 BGB), die den maßgeblichen Kernsachverhalt unverwechselbar enthalten muss. Die bloße Wiedergabe des Gesetzestextes genügt nicht. Abgesehen davon, dass die materiellen Gründe für die Entziehung auch nach deren Aufweitung durch die Erbrechtsreform 2010[4] kaum einmal vorliegen: Schon allein deshalb, weil erst nach einer gerichtlichen Entscheidung nach dem Tode des Erblassers – sollte der Betroffene die Entziehung nicht akzeptieren – feststeht, ob die Entziehung tatsächlich „greift“, kann sie als lebzeitiges Vorsorgemittel allein nicht in Betracht kommen. Zudem trägt der durch die Pflichtteilsentziehung Begünstigte die Darlegungs- und Beweislast für deren Wirksamkeit.

Eher noch denkbar ist die „gut gemeinte” Pflichtteilsbeschränkung (§ 2338 BGB). Ziel derselben ist es, das Familienvermögen vor der Verschwendungssucht des Erben oder dem Zugriff seiner Gläubiger zu schützen. Der Erblasser kann dabei dem Abkömmling aber weder den Pflichtteil entziehen noch im Betrag kürzen, sondern nur die gesetzlichen Erben des betreffenden Abkömmlings zu Nacherben oder Nachvermächtnisnehmern berufen (§ 2338 Abs. 1 S. 1 BGB) und/oder den Nachlass der Verwaltung eines Testamentsvollstreckers unterstellen (§ 2338 Abs. 2 S. 2 BGB). Die Norm ist damit der gesetzliche Anker für die sog. Überschuldetentestamente.[5] Beide Rechtsinstitute werden dem Ziel einer gesicherten Unternehmensnachfolge schon von Haus aus nicht gerecht. Sie setzen eine Erbengemeinschaft voraus, die es im betrieblichen Bereich zu vermeiden gilt. Darüber hinaus kommt es durch die Nacherben und den Testamentsvollstrecker zur Mitsprache im Ergebnis betriebsfremder Personen, so dass der Handlungsspielraum des Nachfolgers eingeschränkt wird.

III. Zwischenergebnis

Die bisherigen Überlegungen haben gezeigt, dass es für den Unternehmer und seine Berater richtig und wichtig ist, gleichsam das „Schäfchen Pflichtteilsrecht schon zu Lebzeiten ins Trockene zu bringen“. Dabei ist zunächst auf solche lebzeitigen Maßnahmen, die unmittelbar mit Überlassungsverträgen zusammenhängen, Bedacht zu nehmen, insbesondere durch:

4 Gesetz zur Änderung des Erb- und Verjährungsrechts v. 23.9.2009, BGBl. I 3142.

5 Hierzu z. B. *Everts*, Zerb 2005, 353 ff., mit ausf. Formulierung.

B. Reduzierung des Pflichtteilsrisikos mittels lebzeitiger Zuwendungen

Eine erfolgreiche Unternehmensnachfolgeplanung zeichnet sich ohnehin durch eine rechtzeitige und vorausschauende Umsetzung aus. Ein gut ausgearbeiteter lebzeitiger (Teil-)Übergang des Unternehmens auf die Nachfolger bietet für alle Beteiligten Vorzüge:

Der potenzielle Erbe erlangt die Möglichkeit, Erfahrungen zu sammeln und sich in der Geschäftsleitung zu bewähren, während dem künftigen Erblasser weiterhin Kontrollbefugnisse zustehen können. Konflikte zwischen den Generationen lassen sich vermeiden, Kontinuität und Erfolg des Unternehmens werden gesichert. Eine lebzeitige (Teil-)Vermögensübertragung geschieht vielfach in der rechtlichen Form der – kautelarjuristisch variierbaren – Schenkung. Neben diesen Vorteilen lassen sich so auch Pflichtteilsansprüche und damit im Erbfall Liquiditätsbelastungen des Unternehmenserben und mittelbar des Unternehmens verringern.

I. Pflichtteilsreduzierung durch Zuwendungen des Erblassers an den Pflichtteilsberechtigten selbst

Schenkungen zu Lebzeiten des Erblassers an eine abstrakt pflichtteilsberechtigte Person, die zum Zeitpunkt des Erbfalls möglicherweise enterbt ist (also die potenziellen Nicht-Betriebsnachfolger), sollten immer unter der Auflage erfolgen, dass die Schenkung auf deren *Pflichtteil anzurechnen* ist (§ 2315 BGB). Während eine Anrechnung auf den Pflichtteil den Pflichtteilsanspruch vermindert und damit zu einer Entlastung des Erben führt, bewirkt die Anordnung einer *Ausgleichung* von Vorempfängen nur eine Umverteilung der Pflichtteilslast unter den Pflichtteilsberechtigten (§ 2316 BGB) und macht daher weitere Kautelen nötig (Ausschluss der Ausgleichung);[6] eine Begünstigung des Erben ist damit also nicht verbunden. Beide Begriffe sind deshalb bei der Gestaltung von Übergabe- und Schenkungsverträgen streng zu unterscheiden und präzise zu verwenden.

Die Anrechnungsbestimmung kann formlos erfolgen, muss aber dem Pflichtteilsberechtigten vor oder spätestens mit der Zuwendung zugehen; eine spätere Nachholung der Anrechnungsbestimmung ist nicht möglich. Während beim ordentlichen Pflichtteil eine Anrechnung immer nur auf Anordnung möglich ist, können beim Pflichtteilsergänzungsanspruch Eigengeschenke auch ohne eine derartige Bestimmung des Erblassers gem. § 2327 Abs. 1 S. 1 BGB angerechnet werden. Zu beachten ist ferner, dass es bei der Anrechnungspflicht nach §§ 2315, 2327 BGB keine zeitliche Beschränkung – etwa auf zehn Jahre wie bei § 2325 Abs. 3 BGB – gibt!

6 Was allerdings bei einer Ausstattung wegen §§ 2316 Abs. 3, 2050 Abs. 1 BGB zu Lasten des Pflichtteilsberechtigten gar nicht möglich ist, näher hierzu s. unten C. I. 1.

Die Anrechnungsbestimmung muss durch den Erblasser bei der Zuwendung getroffen werden. Unterlässt er dies, erfolgt keine Berücksichtigung; der Pflichtteil steht dann dem Beschenkten später ungeschmälert zu.

Der Entwurf der Bundesregierung zur Erbrechtsreform 2010 sah vor, dass eine Anrechnungsbestimmung nicht mehr nur spätestens bei der Zuwendung, sondern ebenso noch danach durch letztwillige Verfügung erfolgen könne.[7] Testamentarisch sollte auch eine inhaltliche Änderung einer bestehenden Anrechnungsanordnung möglich sein. Der Gesetzesvorschlag war im Hinblick auf die Stärkung der Testierfreiheit durchweg zu begrüßen. Umso erstaunlicher ist es, dass er keine Umsetzung gefunden hat. Der Rechtsausschuss begründete die Streichung mit dem Schutz des Zuwendungsempfängers, der darauf vertraue, dass sich nicht nachträglich Auswirkungen einer zunächst vorbehaltlosen Zuwendung auf den späteren Pflichtteil ergeben.[8]

Diese Überlegung kann, abgesehen davon, dass sie tautologisch ist, indes nicht überzeugen: Der Pflichtteilsberechtigte wäre durch die neue Regelung nicht beeinträchtigt worden. Auf Grund der Zuwendung erhält er bereits zu Lebzeiten des Erblassers einen Vermögensgegenstand aus dem späteren Nachlass, seine Teilhabe am Gesamtvermögen bleibt bestehen. Obgleich die Zuwendung nicht wie beim Pflichtteilsanspruch in einem Geldbetrag bestehen muss, hat der Pflichtteilsberechtigte auf diese Weise die Möglichkeit, erheblich früher über einen Nachlassgegenstand zu verfügen. Erreicht der Wert der Zuwendung nicht den seines Pflichtteils, hätte der Pflichtteilsberechtigte im Erbfall die Differenz als Pflichtteilsanspruch geltend machen können. Mit dem Entwurf wären außerdem die rechtlichen Auswirkungen begrenzt worden, die sich aus der Unkenntnis der Bürger ergeben, die erfahrungsgemäß eine automatische Anrechnung früherer Geschenke auf den späteren Pflichtteil vermuten. Der Gesetzgeber hat in diesem Punkt leider eine nicht unerhebliche Chance zu einer sinnvollen Gesetzesreformierung verpasst.

Bei der Unternehmensnachfolgeplanung ist deshalb auch weiterhin darauf zu achten, dass unabhängig vom Zeitpunkt der Übergabeentscheidung bei lebzeitigen Zuwendungen an weichende Pflichtteilsberechtigte rechtzeitig, also spätestens bei Abschluss des betreffenden Übertragungsvertrags, eine Anrechnungsbestimmung getroffen wird.

7 BT-Drs. v. 24.4.2008, 16/8954, dort Art. 1 Nr. 23 .
8 BT-Drs. v. 23.6.2009, 16/13543, S. 12.

II. Pflichtteilsreduzierung durch Zuwendungen des Erblassers an Dritte – Gefahr der Pflichtteilsergänzung

(Rechtzeitige) Zuwendungen des Erblassers an andere Personen als den Pflichtteilsberechtigten, also eben auch die Betriebsübergabe zu Lebzeiten an den Betriebsübernehmer selbst, eignen sich ebenfalls in gewissen Grenzen zur Reduzierung des Pflichtteilsrisikos der weichenden Nicht-Unternehmensnachfolger. Um aber zu verhindern, dass der ordentliche Pflichtteil durch lebzeitige Zuwendungen ausgehöhlt, ja sogar umgangen wird, gewährt § 2325 Abs. 1 BGB einen zeitlich und sachlich begrenzten Ergänzungsanspruch gegen den Erben, hilfsweise gegen den Beschenkten (§ 2329 BGB). Aus § 2326 BGB ergibt sich, dass ein Pflichtteilsergänzungsanspruch nicht nur dem enterbten Pflichtteilsberechtigten, sondern auch dem – gesetzlichen oder testamentarischen – „zu kurz gekommenen" Erben zustehen kann.

Schenkungen des Erblassers bleiben für die Pflichtteilsergänzung gem. § 2325 Abs. 3 BGB nur dann unberücksichtigt, wenn zur Zeit des Erbfalls zehn Jahre seit der Leistung des verschenkten Gegenstands verstrichen sind. Bei Schenkungen an den Ehegatten beginnt die Frist allerdings nicht vor Auflösung der Ehe (§ 2325 Abs. 3 Halbs. 2 BGB). Wird die Ehe erst durch den Tod des einen Ehegatten beendet, sind also alle während der gesamten Ehezeit vom Erblasser an den überlebenden Ehegatten gemachten Schenkungen ergänzungspflichtig, mögen diese auch Jahrzehnte zurückliegen. Dies ist verfassungsrechtlich zwar nicht (mehr) haltbar,[9] wohl aber durch die Gestaltungspraxis zu beachten – Vermögensverschiebungen hin zum Ehegatten minimieren daher den Pflichtteil nur einseitig Pflichtteilsberechtigter, z.B. außerehelicher Kinder, nicht.

1. Problem vorbehaltener Rechte

Die höchstrichterliche Rechtsprechung hat die Regelung zur Zehnjahresfrist dahingehend erweitert, dass auch diejenigen Schenkungen ergänzungspflichtig sind, die nicht endgültig aus dem wirtschaftlichen Verfügungsbereich des Erblassers ausgegliedert wurden. Es fehle dann am „Genussverzicht" des Schenkers, da er den Gegenstand im Wesentlichen weiter selbst nutze. Ein derartiger Genussverzicht wurde vom BGH verneint bei einer Schenkung unter Nießbrauchsvorbehalt.[10] Gleiches soll nach h. M. für die Einräumung eines Wohnungsrechts gelten, wobei der Fristbeginn nicht schon dadurch gehemmt wird, dass das Wohnungsrecht nur an einer von zwei übergebenen Wohnungen vorbehalten wird.[11] Bei Betriebsübergaben wird die Prob-

9 *Amann*, FS Brambring 2012, 1 ff.
10 Grundlegend BGH, NJW 1994, 1791.
11 OLG Düsseldorf, NJWE-FER 1999, 279; ähnlich OLG Bremen, NJW 2005, 1726.

lematik vorbehaltener Rechte häufig deshalb nicht virulent werden, weil einerseits mit Unternehmens-/Beteiligungsnießbräuchen, auch quotalen, heutzutage kaum noch gearbeitet wird (da sonst einkommensteuerrechtlich der Übergeber weiter Mitunternehmer bleibt), andererseits bei Wohnungsrechtsvorbehalten[12] die kritische Schwelle meist nicht überschritten wird, da der vorbehaltlos übergebene Betriebsteil räumlich meist weit größer ist.

Die Frage, ob vorbehaltene Rückerwerbsrechte des Schenkers den Fristbeginn hemmen, ist höchstrichterlich noch nicht entschieden. Nach Ansicht des OLG Düsseldorf[13] soll auch der bloße Vorbehalt eines bedingten Rückforderungsrechts als Sanktion für ein Veräußerungsverbot der Ausführung der Schenkung i. S. d. § 2325 BGB entgegenstehen. Diese Ansicht ist bisher noch Mindermeinung; nach bislang h. M. sind jedenfalls Rückforderungsgründe außerhalb des Einflussbereichs des Übergebers, also auch und gerade die typischen, nicht fristhemmend.[14] Die weitere Entwicklung bleibt aber abzuwarten. In der Praxis sind Rückforderungsrechte jedenfalls bei Betriebsübergaben häufig genauso untunlich wie Vorbehaltsrechte, da sie die Handlungsfreiheit des Übernehmers bei gleichbleibendem ungeschmälertem Unternehmerrisiko zu sehr einschränken (und außerdem wegen der Volatilität des Betriebsvermögens kautelarjuristisch kaum in den Griff zu bekommen sind). U.U. können sie nach gleichsam tagesaktueller Rechtsprechung sogar sittenwidrig und somit nichtig sein, wobei die Grenzen wiederum nicht klar sind.[15] Deshalb und angesichts des Vortragsthemas soll es mit diesem bloßen Anriss der Problematik sein Bewenden haben.

2. Gegenmaßnahmen

Will der Erblasser also verhindern, dass seine Schenkung nach dem Erbfall einen Pflichtteilsergänzungsanspruch auslöst, sollte er diese Zuwendung baldmöglichst vornehmen, bei Immobilien insbesondere den sofortigen Grundbuchvollzug betreiben und eine Übertragung gegen Nießbrauchs- oder Wohnrechtsvorbehalt wenn möglich vermeiden. Dies spielt bei Unternehmensnachfolgen aber, wie erwähnt, ohnehin nur eine untergeordnete Rolle. Sog. Ertragswertklauseln nach § 2312 BGB in

12 Die sowieso nur in Betracht kommen, wenn der Übergeber tatsächlich auf dem Anwesen wohnt.

13 Urt. v. 11.4.2008 – I-7 U 70/07, RNotZ 2009, 175 = ZEV 2008, 525 m. Anm. *Herrler* = DNotZ 2009, 67 m. Anm. *Diehn.*

14 Zusammenfassend zur Rechtslage DNotI-Report 2011, 65.

15 Vgl. die Entscheidung des BGH vom 6.7.2012 zur zeitlichen Begrenzung einer schuldrechtlichen Verfügungsunterlassungsverpflichtung in Übergabeverträgen und sittenwidriger Knebelung durch ausnahmsloses Verfügungsverbot bzgl. unbeweglichen Betriebsvermögens, NJW 2012, 3162 = DNotI-Report 2012, 154.

Übergabeverträgen können nur bei land- und forstwirtschaftlichen Vollerwerbsbetrieben[16] zum Tragen kommen (mindern dann freilich nicht nur den ordentlichen Pflichtteil, sondern auch die Pflichtteilsergänzung effektiv).

Der Pflichtteilsergänzungsanspruch setzt aber ferner überhaupt eine Schenkung, also eine objektive Bereicherung des Zuwendungsempfängers ohne Gegenleistung, voraus. Solche Gegenleistungen des Beschenkten (wie z.B. Abstandsgelder, Rentenzahlungen und übernommene Schulden und Lasten[17]) können deshalb den Wert der ergänzungspflichtigen Zuwendungen erheblich mindern. Dies gilt auch, wenn ein unentgeltlicher Vertrag nachträglich in einen entgeltlichen Vertrag umgewandelt und nachträglich eine vollwertige Gegenleistung vereinbart und erbracht wird.[18] Bei der Vereinbarung von Leibrenten im Übergabevertrag ist zwar noch keine höchstrichterliche Rechtsprechung zum Fristanlauf ergangen – richtigerweise sind diese pflichtteilsrechtlich Nutzungsvorbehalten nicht gleichzustellen, auch wenn sie aus dem übergebenen Vermögen erwirtschaftet werden müssen und die Beträge dem Übernehmer nicht zur Verfügung stehen, sondern im Ergebnis der Übergeber noch den „Genuss“ hat. Abgesehen davon, dass diese Renten niemals 1:1 am vollen Ertrag orientiert sein können (weil dann eine Übergabe keinen Sinn ergibt), vielmehr an den verbleibenden Bedürfnissen des Übergebers, fehlt ihnen allemal die nötige Stoffgleichheit in Bezug auf das übertragene Vermögen.

Da bei Betriebsübergaben häufig mit Leibrenten und/oder Schuldübernahmen gearbeitet wird, ja gearbeitet werden muss, ist das drohende Institut der Pflichtteilsergänzung hier bereits immanent zurückgedrängt.

Eine weitere Regelung, die von Erblassern gestalterisch genutzt werden kann, ist die durch die zum 1.1.2010 in Kraft getretene Erbrechtsreform[19] eingeführte Abschmelzungsregelung des § 2325 Abs. 3 S. 1 BGB, die zumindest sukzessiv erhöhte bzw. sich erhöhende Planungssicherheit gewährt. Dadurch besteht ein verstärkter Anreiz, Vermögenswidmungen so früh als möglich und auch bei unsicherer Lebenserwartung noch zu Lebzeiten zu bewirken. Bedeutsam ist dabei auch, dass die Neuregelung bereits für Schenkungen gilt, die vor dem Inkrafttreten des Gesetzes vollzogen wurden. Lediglich der Erbfall muss nach dem 1.1.2010 eingetreten sein (Art. 229 § 21 Abs. 4 EGBGB n. F.). In diesem Zusammenhang ist allerdings ebenso zu berücksichtigen, dass die von der Rechtsprechung entwickelte und in ihren Ergebnissen kaum vorhersehbare „Genusstheorie” trotz der Erbrechtsreform weiterhin Geltung beansprucht. Bei Unternehmensnachfolgeplanungen mit Hilfe von Schenkungen ist daher stets zu beachten, dass zu Gunsten des Erblassers vereinbarte Nut-

16 Statt aller MünchKomm/*Lange*, BGB, 5. Aufl. 2010, § 2312, Rn. 12 ff.

17 Auch Kost- und Pflegeverpflichtungen, wobei diese bei der Übergabe gewerblicher Unternehmen meist keine Rolle spielen.

18 BGH, MittBayNot 2008, 225.

19 S. oben Fn. 4.

zungs- oder Rückforderungsvorbehalte dem Beginn der Ausschlussfrist und damit auch der Abschmelzung entgegenstehen können. Vor dem Hintergrund dieser faktischen Einschränkung kautelarjuristischer Nachfolgeüberlegungen sowie der im Zusammenhang mit der Rechtsprechung nach wie vor bestehenden Rechtsunsicherheit wäre eine gesetzliche Regelung – wonach ausschließlich der rechtliche Leistungserfolg maßgeblich ist – wünschenswert gewesen. Der Gesetzgeber hat eine solche Überlegung jedoch leider ebenso wenig berücksichtigt wie eine Modernisierung des Fristbeginns bei Schenkungen des Erblassers an seinen Ehegatten, § 2325 Abs. 3 Halbs. 2 BGB.

3. Stiftungslösungen?

Seit der Entscheidung des BGH zur Stiftung Frauenkirche[20] ist höchstrichterlich geklärt, dass auch Zuwendungen an gemeinnützige Stiftungen – sei es zu Lebzeiten, sei es infolge Stiftungserrichtung von Todes wegen – Pflichtteils- und Pflichtteilsergänzungsansprüche auslösen können. Selbst die Gemeinnützigkeit schützt daher nicht vor Pflichtteilsansprüchen. Unentgeltliche Zuwendungen an Stiftungen waren und sind damit grundsätzlich nicht zur Pflichtteilsvermeidung oder -minimierung geeignet!

Durch die Erbrechtsreform 2010[21] hat sich hieran nichts geändert.[22] Denn alle im Zusammenhang mit der geplanten Reform unterbreiteten Vorschläge zu einer pflichtteilsrechtlichen Privilegierung von Stiftungen wurden abgelehnt. Der Gesetzgeber hat sich bewusst gegen ein Stiftungsprivileg entschieden, da der Kreis der Begünstigten nicht sinnvoll eingrenzbar und die durch ein Stiftungsprivileg erfolgende Schwächung der Familie ungerecht sei. Für die Beurteilung und Bemessung von Pflichtteilsansprüchen übergangener Familienangehöriger soll es also keinen Unterschied machen, ob der Erblasser Vermögen zu gemeinnützigen Zwecken aus der Hand gibt oder ob es zur Errichtung einer Familienstiftung oder zur Begünstigung ihm nahestehender Dritter verwendet wird.

Außerdem können Stiftungen ggf. von den zum 1.1.2010 erweiterten Stundungsmöglichkeiten nach § 2331a BGB n. F. profitieren, worauf ebenfalls zu Recht *G. Müller* hinweist:[23] Dies ist eine echte Neuerung. Denn zuvor kam das Stundungsrecht Stiftungen nicht zugute, da diese nicht zugleich pflichtteilsberechtigt sind. Allerdings sind die Voraussetzungen für eine Pflichtteilsstundung auch nach der Neuregelung sehr eng: Nach § 2331a BGB n. F. muss die sofortige Erfüllung des

20 BGHZ 157, 178 = ZEV 2004, 115 = DNotZ 2004, 475.

21 Oben Fn. 4.

22 So zu Recht *G. Müller*, in: *Schlitt/Müller*, Handbuch Pflichtteilsrecht, 2010, Rn. 66 ff.

23 Oben Fn. 22, Rn. 69.

Pflichtteilsanspruchs für den Erben wegen der Art der Nachlassgegenstände eine „unbillige Härte“ darstellen. Die dafür genannten Beispiele (Aufgabe des Familienheims, Verlust der wirtschaftlichen Lebensgrundlage) sind ersichtlich auf natürliche Personen zugeschnitten. Gleichwohl ist eine Anwendung der Vorschrift auch auf juristische Personen wie Stiftungen denkbar, wenn beispielsweise die wirtschaftliche und damit rechtliche Existenz der Stiftung auf dem Spiel steht. Zu beachten ist aber, dass der Pflichtteilsberechtigte weiterhin eine Verzinsung sowie die Bestellung von Sicherheiten verlangen kann, § 2331a Abs. 2 S. 2 Halbs. 1 i.V.m. § 1382 Abs. 3 BGB.

III. Fazit

Lebzeitige Zuwendungen sind auch im unternehmerischen Bereich ein äußerst geeignetes Mittel zur Pflichtteilsreduzierung, sofern die Vorgaben der §§ 2315, 2325 Abs. 3 BGB und die hierzu ergangene Rechtsprechung vom Schenker beachtet werden. Gegenleistungen des Beschenkten können zudem den Wert der ergänzungspflichtigen Zuwendung erheblich mindern.

C. Maßnahmen „jenseits“ des Erbrechts

Der Erblasser kann aber nicht nur mittels letztwilliger Verfügungen und lebzeitiger Zuwendungen das Pflichtteilsrisiko minimieren. Auch das Familien- und Gesellschaftsrecht sowie Verlagerungsgestaltungen hin ins „pflichtteilsfeindliche Ausland“ bieten einige Möglichkeiten, die Pflichtteilshaftung noch weiter zu begrenzen.

I. Pflichtteilsreduzierung durch familienrechtliche Gestaltungen

1. Ausstattung

Wenn Vater und/oder Mutter als Veräußerer und ein Kind als Erwerber an einer Übergabe beteiligt sind, kann es sich (und wird sich im betrieblichen Bereich häufig sogar, wenn nicht Näheres bestimmt ist!) um eine Ausstattung handeln, bei der Schenkungsrecht nur nach Maßgabe des § 1624 BGB anwendbar ist.[24] Nach der Legaldefinition in § 1624 Abs. 1 Halbs. 1 BGB ist dasjenige, „was einem Kind mit Rücksicht auf seine Verheiratung oder auf die Erlangung einer selbständigen Le-

24 S. dazu *Knodel*, Zerb 2006, 225 ff.; *Everts*, MittBayNot 2011, 107 ff.

bensstellung zur Begründung oder zur Erhaltung der Wirtschaft oder der Lebensstellung von dem Vater oder der Mutter zugewendet wird“ als Ausstattung anzusehen; nach Halbs. 2 der Norm gilt sie nur insoweit als Schenkung, als die Ausstattung das den Umständen, insbesondere den Vermögensverhältnissen des Vaters oder der Mutter, entsprechende Maß übersteigt.

Dieses genuin familienrechtliche Institut, das aber einen weithin nicht erkannten erbrechtlichen Bezug aufweist, sollte in der Nachfolgeberatung und Gestaltung häufiger fokussiert werden.[25] Auch wenn ein „Wahlrecht“ Schenkung ./. Ausstattung wegen der objektiven Tatbestandserfordernisse im Ergebnis nicht besteht: Der Vertragszweck der beabsichtigten Existenzgründung oder Existenzsicherung[26] sollte wegen der eigenständigen Rechtsform der Ausstattung in der Übergabeurkunde jedenfalls zum Ausdruck kommen – Rechtsfolgen für den hier interessierenden Zweck sind dann:

- Schenkungsrecht ist nicht anwendbar, sofern keine „Übermaßausstattung“ vorliegt. Nur hinsichtlich der Mängelgewährleistung verweist § 1624 Abs. 2 auf die §§ 523, 524 BGB. Also – jenseits des heutigen Themas – insbesondere keine Rückforderung wegen Verarmung und damit verbundenem Sozialhilferegress beim Übergeber und keine Anfechtung nach InsO/AnfG.
- Die Ausstattung, wenn und soweit sie nicht im Übermaß erfolgt, unterliegt daher auch nicht der Pflichtteilsergänzung nach § 2325 BGB,[27] bleibt aber wegen der weiteren Begrifflichkeit in § 2315 BGB anrechenbar auf den Pflichtteil des Ausstattungsempfängers selbst!
- Die Ausgleichung bei gesetzlicher Erbfolge wird gesetzlich angeordnet, § 2050 Abs. 1 BGB. Eine ausdrückliche Regelung dieser Frage im Übergabevertrag ist daher zu empfehlen – Ausschluss der Ausgleichung.
- Jedoch ist § 2316 Abs. 3 BGB zu beachten (kein Ausschluss des § 2050 Abs. 1 BGB zum Nachteil eines Pflichtteilsberechtigten). Hier liegt zugleich der Pferdefuß des Rechtsinstituts: Denn eine Zuwendung als Ausstattung begründet beim Pflichtteilsrecht der Abkömmlinge zwingend, ohne Ausschlussmöglichkeit, die Ausgleichpflicht (vulgo: fiktiv zum Zwecke der Pflichtteilsberechnung), mit anderen Worten, erhöht deren Pflichtteil! Weil § 2325 BGB ge-

25 Prononciert und ausf. *Jacob*, AcP 207 (2007), 198 ff.

26 Bei dem es nicht darauf ankommt, dass es womöglich eine besonders „noble“ Existenz sein wird...!

27 H. M., aber noch nicht Gegenstand gerichtlicher Entscheidungen – wie hier *Gehse*, RNotZ 2009, 361, 379; *Sailer*, NotBZ 2008, 81, 82, je m.w.N.; zweifelnd hingegen *von Hoyenberg*, Vorweggenommene Erbfolge, 2010, 6. Kap. Rn. 5.

rade nicht gilt, gibt es auch keine wie auch immer geartete „Ergänzungspflicht“, auch gilt das Niederstwertprinzip des § 2325 Abs. 2 S. 2 BGB nicht!

Anzumerken bleibt zudem, dass auch Ausstattungen schenkungsteuerpflichtig nach § 7 Abs. 1 Nr. 1 ErbStG sind, der Begriff der „freigebigen Zuwendung“ ist insofern weiter und maßgeblich.

Sofern weichende (Geschwister-)Erben bei der vorweggenommenen Erbfolge nicht mitwirken, z.B. wiederum durch die eingangs erwähnten gegenständlich beschränkten Pflichtteilsverzichte, ist die Ausstattung pflichtteilsrechtlich eher gefährlich und es sollte versucht werden, die Gestaltung hiervon wegzubewegen,[28] was aufgrund der Vertragsfreiheit auch zulässig ist (Verzicht auf die Ausstattungsabsicht),[29] und stattdessen lieber, als kleineres Übel, auf die Pflichtteilsergänzung, deren Fristanlauf und Abschmelzung sowie das Niederstwertprinzip zu „vertrauen“.

Demgegenüber rein tatsächlich darauf zu vertrauen, dass die Gegenseite dereinst das Argument der Nicht-Ergänzungspflicht einer Ausstattung akzeptiert, auf der anderen Seite aber § 2316 Abs. 3 BGB übersieht, scheint mir angesichts der sich immer mehr ausziselierenden erbrechtlichen Beratungsliteratur eher Russisches Roulette. Dies zu spielen kann nur dem angeraten werden, der darauf setzt, angesichts der gegenüber § 2325 BGB komplizierteren Berechnungen bei § 2316 Abs. 3 BGB (für die der Pflichtteilsberechtigte die Darlegungs- und Beweislast hat) eine höhere Vergleichsbereitschaft zu erzwingen. Dies wäre – respektable – anwaltliche Taktik, verlässt jedoch den notariellen Beratungshorizont, der in diesen potenziellen Konfliktfällen immer eher zur Schenkung neigen wird. Die Ausstattung behält aber dann ihre Bedeutung, wenn ein Ausschluss der Gläubiger- und Insolvenzanfechtung (§§ 4 Abs. 1 AnfG, 134 InsO) näher im Fokus steht oder – wegen §§ 1804, 1908i Abs. 2 BGB – der Übergeber mittlerweile unter Betreuung steht, etwa weil sich der 90jährige Firmenpatriarch jahrzehntelang nicht zur Übergabe hat entschließen können. § 2316 Abs. 3 BGB muss dann zwingend in Kauf genommen werden.

2. Maßnahmen zum Personen- und Güterstand

Der Erblasser kann die Pflichtteilsquote schon vorhandener Pflichtteilsberechtigter erheblich dadurch mindern, dass er neue Pflichtteilsberechtigte durch Geburt von weiteren Kindern, Adoption oder Heirat (z.B. des Partners ohne Trauschein) schafft. Da aber diese Personen wiederum eigene familien- und erbrechtliche Ansprüche haben (z.B. auf Unterhalt oder Pflichtteil), sollten die Vor- und Nachteile dieser Gestaltungen gut abgewogen und nur „durchgezogen“ werden, wenn entsprechende

28 So auch *Schindler*, ZEV 2006, 389, 390.

29 *Schindler*, ZEV 2006, 389, 390; *Schmid*, BWNotZ 1971, 29, 31.

vertragliche Regelungen Zug um Zug mit Eheschließung oder Beurkundung des Adoptionsantrags erfolgen (Ehe- und Erbvertrag, Pflichtteilsverzicht mit den „Neuen“).

a) Rückkehr in den gesetzlichen Güterstand

Durch den Wechsel des ehelichen Güterstands kann die Pflichtteilsquote ebenfalls entscheidend beeinflusst werden.[30] Beim Übergang von der Gütertrennung zur Zugewinngemeinschaft erhöht sich der Ehegattenerbteil gem. § 1371 Abs. 1 BGB um ¼; dadurch wird der Pflichtteil der Abkömmlinge entsprechend kleiner („Zugewinngemeinschafts-Modell“). Hierbei ist aber zu bedenken, dass der Ehegatte bei Auflösung der Ehe durch Scheidung oder Tod einen Zugewinnausgleichsanspruch haben kann, der durch die Gütertrennung in jungen Jahren ja gerade vermieden werden sollte. Dieses Scheidungsrisiko kann allerdings durch Vereinbarung lediglich einer „modifizierten” Zugewinngemeinschaft (Ausschluss des Zugewinnausgleichs im Scheidungsfall) vermieden werden. Zugleich werden erbschaftsteuerliche Vorteile geschaffen, § 5 ErbStG. Dies und dass effektiv kein Vermögen übertragen wird (anders beim „Gütertrennungsmodell, s. sogleich c)), lässt die Gestaltung pflichtteilsfest erscheinen. Bei einem verheirateten Unternehmer mit (mittlerweile) Problemkindern steht für mich ein solcher ehevertraglicher „Check-Up“ daher immer an erster Stelle.

b) Gütergemeinschaft

Beim so genannten „Gütergemeinschaftsmodell” überträgt der vermögende Ehegatte die Hälfte seines Vermögens als Gesamtgut auf den anderen Ehegatten und kann dadurch die pflichtteilsrelevante Bemessungsgrundlage deutlich reduzieren.[31] Der BGH[32] sieht hierin keine ergänzungspflichtige Schenkung, sofern keine außerehelichen Zwecke verfolgt werden. Deshalb dürfte sie im unternehmerischen Bereich aber meist ausscheiden, sofern nicht beide Ehegatten von vornherein die eigentlichen „Inhaber“ sind und der Ehevertrag dies also nur nachzieht (und eine Scheidung praktisch ausgeschlossen ist, denn eine vorweggenommene Auseinandersetzung der Gütergemeinschaft ist in Eheverträgen kaum darstellbar, schon wegen der Verfügungsbeschränkung in § 1419 BGB). Auch dann aber sind gesellschaftsrechtliche Lösungen[33] vorzugswürdig, da punktgenauer. In allen anderen Fällen mit Betriebs-

30 Ausführlich dazu *Wegmann*, ZEV 1996, 201 ff.

31 *Thoma*, ZEV 2003, 278.

32 NJW 1992, 558.

33 S. unten II.

vermögen hat die Gütergemeinschaft nicht nur gravierende ertragsteuerliche Auswirkungen (Stichwort Mitunternehmerschaft) und dürfte die überwiegend pflichtteilsrechtliche Motivation nicht von der Hand zu weisen sein. Von Nachteil ist ferner die Schenkungsteuerpflicht (§ 7 Abs. 1 Nr. 4 ErbStG) dieser Gestaltung. Auf die Problematik, wegen der durch die Gütergemeinschaft erhöhten Pflichtteile der Abkömmlinge möglichst bald wieder in die – modifizierte – Zugewinngemeinschaft zurückzukehren, kommt es daher aus Beratersicht hier also von vornherein nicht an.

c) Gütertrennung – „Güterstandsschaukel"

Beim „Gütertrennungsmodell" wird bei noch im gesetzlichen Güterstand lebenden Ehegatten zunächst Gütertrennung vereinbart und der bis dahin entstandene Zugewinn durch die Übertragung von Vermögensgegenständen ausgeglichen. Sofern deren Wert nicht erheblich über dem rechnerischen Zugewinn liegt, dürfte die Übertragung entgeltlich und damit nicht ergänzungspflichtig i.S.d. § 2325 BGB sein. Da aber dann der länger lebende Ehegatte nur noch eine gesetzliche Erbquote von ¼ hat, erhöht sich dadurch die Pflichtteilsquote der Abkömmlinge. Daher ist zu empfehlen, später wieder gem. dem beschriebenen Zugewinngemeinschaftsmodell zur Zugewinngemeinschaft zurückzuwechseln, idealerweise in der vorstehend beschriebenen modifizierten Form.

Schenkungsteuerlich ist diese Gestaltung als sog. „Güterstandsschaukel" jedenfalls anerkannt[34] (anfechtungsrechtlich hat der BGH ihr indes die Anerkennung versagt).[35] Beide Schritte sind dabei nötig, es muss ein Güterstandswechsel erfolgen. Die Hingabe von Vermögenswerten in dem und für den Fall, dass sogleich und nur der Güterstand modifiziert wird („fliegender Zugewinnausgleich"), ist eine Schenkung. Denn ein Ausgleichsanspruch entsteht gerade nicht. Deshalb findet § 5 ErbStG keine Anwendung[36] und dürfte aus den gleichen Erwägungen heraus auch eine entsprechende Ergänzungspflicht nach § 2325 BGB bestehen.

Pflichtteilsrechtlich ist noch keine höchstrichterliche Entscheidung hierzu ergangen. Man kann aber m. E. die Rspr. des BGH zur Vereinbarung von Gütergemeinschaft fruchtbar machen,[37] nach der in ehevertraglich motivierten Vermögenstransfers keine ergänzungspflichtigen Schenkungen zu sehen seien, sofern keine außerehelichen Zwecke verfolgt werden. Dies dürfte im Gütertrennungsmodell jedenfalls im unternehmerischen Bereich meist kein Problem sein, denn es werden tatsächlich Rechtswirkungen erstrebt und erzeugt, ohne die ein Unternehmen ebenfalls

34 BFH, BStBl. II 2005, 843 = NJW 2005, 3663.
35 NZI 2010, 738 = MittBayNot 2010, 493.
36 BFH, NJW 2008, 111 = ZEV 2007, 500.
37 NJW 1992, 558.

erheblichen Belastungen ausgesetzt wäre, nämlich der andernfalls drohenden Steuerlast nach dem ErbStG bei Scheidung des Unternehmerehegatten. Das gilt namentlich bei langer Ehedauer und währenddessen erfolgtem Aufbau des Unternehmens, sodass dessen Wert hauptsächlich im „Zugewinn steckt“. Umgekehrt dienen die in Erfüllung des Zugewinnausgleichsanspruchs übertragenen Wirtschaftsgüter einem eigenen Zweck, nämlich der Versorgung des Empfängers.[38] Die pflichtteilsrechtliche Wirkung auf die übrigen Pflichtteilsberechtigten muss dahinter zurücktreten.

Das Vorstehende muss jedenfalls für Ehegatten gelten, die bislang modifikationslos im gesetzlichen Güterstand gelebt haben. Schwieriger wird es in solchen Fällen, in denen bereits ein Ehevertrag mit Gütertrennung oder modifizierter Zugewinngemeinschaft existiert (Ausschluss des Zugewinnausgleichs im Scheidungsfall), jedoch Vermögensgegenstände mit (auch) pflichtteilsdämpfender Wirkung, also güterrechtlich „entgeltlich“, übertragen werden sollen. Hier besteht entweder keine Wechselmöglichkeit mehr oder kann bei Wechsel in die Gütertrennung kein Anspruch entstehen. Deshalb müsste in einer Vorschaltmaßnahme (es kommt dann zur „doppelten Güterstandsschaukel“) zunächst rückwirkend die Zugewinngemeinschaft bzw. ein entsprechender Anspruch begründet werden, was grundsätzlich möglich ist, was aber der Schutz des Unternehmens gerade nicht (!) erfordert, im Gegenteil. Die Begründung des Anspruchs und seine Erfüllung kann gegenüber den Pflichtteilsberechtigten dann nur noch mit dem Aspekt der Versorgung des Ehegatten gerechtfertigt werden, was jedoch keine überbordenden Transaktionen mehr möglich macht. Dies zum Anlass zu nehmen, Ehegatten im unternehmerischen Bereich künftig von Güterstandsmodifizierungen abzuraten, nur um sich die Möglichkeit späterer pflichtteilsrechtlicher Gestaltung zu erhalten, hieße freilich das Kind mit dem Bade ausschütten.

Stets aber ist der zweite Schritt, die „Rückkehr“ in die (modifizierte) Zugewinngemeinschaft, pflichtteilsrechtlich nicht zu beanstanden, so wie auch sonst nicht bei der Aufhebung der pflichtteilsrechtlich als ungünstig erkannten Gütertrennung (s. oben a)). Dies gilt jedenfalls im unternehmerischen Bereich. Für den Praktiker gilt jedenfalls, dass er – bei entsprechender Belehrung und entsprechendem Ausgleichspotenzial – dieses Gestaltungsmittel durchaus wählen sollte: Wenn er es nicht tut, die Gestaltung jedoch anerkannt wird, droht ein Haftungsrisiko, wenn eine Nachholung nicht mehr rechtzeitig möglich ist. Im umgekehrten Fall wären lediglich entsprechende Hinweise angebracht und die Notar- und ggf. weitere Beratungsgebühren verschenkt.

All diesen Gestaltungen ist jedoch ohnehin gemeinsam, dass sie im Bereich des ordentlichen Pflichtteils nur beim Tod des erstversterbenden Ehegatten von Pflicht-

38 Es versteht sich daher, dass die Übertragung deswegen vorbehaltlos, also ohne Nutzungs- und/oder Rückforderungsrechte erfolgen muss, um das Gestaltungsziel nicht zu torpedieren!

teilsansprüchen entlasten, also scheitern, wenn der „Falsche", d.h. der Nichtunternehmer-Ehegatte, zuerst stirbt.

II. Pflichtteilsreduzierung durch gesellschaftsrechtliche Gestaltungen

Die pflichtteilsminimierende Wirkung des Gesellschaftsrechts wird häufig falsch eingeschätzt. In der Tat ergibt sich hier für den Berater ein großes Potenzial darüber nachzudenken, ob nicht zu einer „Flucht ins Gesellschaftsrecht" geraten werden sollte. Differenziert werden muss dabei zwischen der Pflichtteilsrelevanz der direkten Einräumung von Gesellschafterstellungen einerseits und gesellschaftsvertraglichen Klauseln andererseits, die beim Tod eines Gesellschafters den verbleibenden Mitgesellschaftern oder Dritten den Erwerb von dessen Beteiligung unter Ausschluss von Pflichtteilsberechtigungen ermöglichen sollen.

1. Einräumung von Gesellschaftsbeteiligungen

Nimmt der Erblasser/Übergeber die als Nachfolger in Aussicht genommene Person als Gesellschafter auf, z. B. durch Einräumung einer Beteiligung oder Teilabtretung einer solchen, ohne dass der Aufgenommene hierfür etwas „mitbringen" muss, so könnte im Hinblick auf den Kreis der pflichtteilsberechtigten Personen des Zuwendenden ein Pflichtteilsergänzungsanspruch in Betracht kommen.

a) Aufnahme in oHG oder Einzelhandelsgeschäft

Allerdings entscheidet der zweite, für Gesellschaftsrecht zuständige, Senat des BGH bei Fallgestaltungen mit rein gesellschaftsrechtlichem Hintergrund schon seit geraumer Zeit dahingehend, dass es an dem Merkmal der unentgeltlichen Zuwendung in Fällen fehle, in denen jemand in eine bestehende offene Handelsgesellschaft oder in das Geschäft eines Einzelkaufmannes als persönlich haftender Gesellschafter aufgenommen werde, ohne selbst eine Einlage leisten zu müssen. Der BGH hat darin eine Gegenleistung gesehen, dass der neu eintretende Gesellschafter die persönliche Haftung sowie die Beteiligung an einem etwaigen Verlust übernimmt und im Regelfall zum Einsatz seiner vollen Arbeitskraft verpflichtet ist. Dies verbiete grundsätzlich die Annahme einer – sei es auch nur gemischten – Schenkung.[39] Der IVa-Senat des BGH hat sich in einem speziell zur Pflichtteilsergänzung ergangenen Urteil auf

39 BGH, WM 1959, 719; BB 1965, 472; NJW 1990, 2616; dem folgend z.B. KG, DNotZ 1978, 109, 111.

diese Grundsätze bezogen,[40] indes dort unter Betonung und Auswertung der Umstände jenes Einzelfalles die Möglichkeit einer Ausnahme dargelegt.

Die Rechtsprechung des II. Senats des BGH hat in der Literatur zahlreiche Kritiker gefunden,[41] worauf hier jedoch aus Raumgründen und wegen des Praxisbezugs des Referats nicht näher eingegangen werden kann.

b) Einräumung einer Beteiligung als Kommanditist oder stiller Gesellschafter; Unterbeteiligungen

Hinsichtlich der Beteiligung an einer KG (als Kommanditist), für eine stille Beteiligung oder eine Unterbeteiligung gilt das zuvor Erwähnte allerdings nicht. Denn der BGH[42] hat wiederholt auch entschieden, dass ein Kommanditanteil als geschenkt anzusehen sei, wenn der Kommanditist nichts für seinen Erwerb aufzuwenden, insbesondere keine Gegenleistung zu erbringen habe, und die Parteien über die Unentgeltlichkeit einig seien, da den Kommanditist anders als einen Komplementär nach Erbringung seiner Einlage keine persönliche Haftung treffe und er regelmäßig nicht zur Geschäftsführung verpflichtet sei. Auf stille Gesellschafter oder Unterbeteiligte lässt sich das ohne weiteres übertragen. Im Falle der unentgeltlichen Beteiligung als Kommanditist (oder als stiller Gesellschafter oder bei Unterbeteiligung) können hierdurch also ggf. Pflichtteilsergänzungsansprüche nach den §§ 2325 ff. BGB ausgelöst werden. Sofern aber eine Leistung i. S. d. § 2325 Abs. 3 BGB vorliegt (und sich der Erblasser nicht beispielsweise durch Vorbehalt von Nutzungsrechten die wesentlichen Nutzungen vorbehalten hat),[43] wären nach der Einführung der *Pro-rata*-Regelung in § 2325 Abs. 3 S. 2 BGB mit jedem Jahr nach Vollzug der Schenkung 1/10 des Schenkungswertes ergänzungsfrei ausgeschieden. Mit dem Ablauf von zehn Jahren wären Pflichtteilsergänzungsansprüche ganz ausgeschlossen.[44]

c) Gesellschaft bürgerlichen Rechts

Noch unklar ist die Rechtslage zu Pflichtteilsergänzungsansprüchen bei der Einräumung von GbR-Beteiligungen. Höchstrichterliche Rechtsprechung existiert hierzu noch nicht. Die zitierte Rechtsprechung des BGH[45] betrifft unmittelbar nur die Übertragung des Anteils an einer oHG oder die Aufnahme eines Dritten in das Geschäft

40 NJW 1981, 1956 = WM 1981, 623.

41 S. hierzu nur MünchKomm/*Koch*, BGB, 6. Aufl. 2012, § 516, Rn. 91 m.w.N.

42 BGHZ 112, 40, 45 ff.; NJW 1990, 2616, 2617.

43 S. oben B. II. 1.

44 *G. Müller*, in: *Schlitt/Müller*, Fn. 22, § 11 Rn. 150.

45 Oben Fn. 39 f.

eines Einzelkaufmanns als persönlich haftender Gesellschafter, nicht aber die GbR. Für die Übertragung dieser Rechtsprechungsgrundsätze auf die GbR könnte sprechen, dass die Dogmatik der GbR zwischenzeitlich stark derjenigen der oHG angenähert und der sog. Akzessorietätstheorie folgt.[46] Insbesondere kann ein Gesellschaftsgläubiger den GbR-Gesellschafter persönlich, unbeschränkt, unmittelbar und primär auf die gesamte Leistung in Anspruch nehmen.[47] Folgerichtig findet sich im Schrifttum die Auffassung, dass der BGH seine Grundsätze zu im Regelfall fehlenden Schenkungen bei Aufnahme eines Dritten ohne eigene Kapitaleinlage als persönlich haftender Gesellschafter in eine oHG oder eine KG auf die unentgeltliche Aufnahme in eine Außen-GbR übertragen werde.[48]

Richtigerweise wird man, ausgehend von der Entscheidung des IVa-Senats des BGH[49] und aktuell mit einer ausführlich begründenden und analysierenden Entscheidung des OLG Schleswig[50] davon ausgehen müssen, dass eine Gesamtbetrachtung der gesellschaftsrechtlichen Regelungen und aller maßgeblichen Umstände, wie etwa Kapitaleinsatz, Arbeitsleistung, Haftungsrisiko und für den Todesfall getroffene Abfindungsregelungen anzustellen ist. Eine (gemischte) Schenkung kann sich insbesondere dann ergeben, wenn es sich um eine lediglich vermögensverwaltende Familiengesellschaft bürgerlichen Rechts mit geringem Haftungsrisiko handelt und/oder die Bedingungen der Aufnahme mit familienfremden Dritten vermutlich so nicht geschlossen worden wären.[51] Maßgeblich ist bei einer derartigen mit der Verwaltung eigenen Vermögens befassten GbR, dass der Gesichtspunkt der persönlichen Haftung und des Einsatzes der Arbeitskraft in den Hintergrund tritt. Generell können daher die Ausführungen des BGH zur Aufnahme eines Gesellschafters als Kommanditist (hier ist die Annahme einer gemischten Schenkung ja auch nach der vorgenannten[52] Rechtsprechung des für Gesellschaftsrecht zuständigen II. Senats möglich) entsprechend angewendet werden.[53] Hinter der älteren Rechtsprechung des Gesellschaftsrechts-Senats des BGH steht der Gesichtspunkt, das Interesse an der Fortführung eines Unternehmens über den Tod eines Gesellschafters hinaus zu stützen und zwar unter möglichst weitgehender Vermeidung von die Fortführung erschwerenden Abfindungsansprüchen; dieses Interesse sei bei der

46 Seit BGH, NJW 1999, 3483.
47 Vgl. nur *Palandt/Sprau*, BGB, 71. Aufl. 2012, § 714, Rn. 12.
48 MünchKomm/*Koch*, Fn. 41, § 516, Rn. 90.
49 NJW 1981, 1956 = WM 1981, 623.
50 Urt. v. 27.3.2012 – 3 U 39/11, BeckRS 2012, 11025, unter II. 2. b) d. Gründe mit ausf. Nachw. z. Lit.
51 So schon *J. Mayer,* ZEV 2003, 355, 356.
52 S. Fn. 39.
53 OLG Schleswig, BeckRS 2012, 11025, unter II. 2. b) der Gründe; zuvor schon OLG Frankfurt, NJW-RR 1996, 1123 ff.

rein vermögensverwaltenden GbR bereits nicht sehr hoch einzustufen.[54] Vor allem müssten aber unter erbrechtlichen Gesichtspunkten eben auch die schutzwürdigen Belange der Nachlassbeteiligten, insbesondere auch der Pflichtteilsberechtigten, gesehen werden.[55] Ein Gegenbeispiel in pflichtteilsrechtlicher Hinsicht (keine Ergänzung) könnte demnach die unentgeltliche Einräumung einer Beteiligung an einer werbenden freiberuflichen GbR sein, z. B. einer Rechtsanwaltsgesellschaft.

d) Kapitalgesellschaften

Wird der Anteil an einer Kapitalgesellschaft unentgeltlich auf den Beschenkten übertragen, sind der Schenkungscharakter und damit die Pflichtteils-Ergänzungspflichtigkeit aufgrund der fehlenden persönlichen Haftung des Gesellschafters unproblematisch zu bejahen.[56] Der Aspekt der Arbeitskraft tritt dahinter zurück, zumal dieser ebenfalls nicht über die Gesellschafterstellung, sondern über einen Anstellungsvertrag mit der Gesellschaft als Geschäftsführer oder Vorstand abgebildet wird. Daneben kann eine ergänzungspflichtige Schenkung konsequenterweise auch im Zuge der Gesellschaftsgründung oder einer Kapitalerhöhung vorgenommen werden, wenn ein Gesellschafter eine Sacheinlage erbringt, deren Wert weit über den Wert seines Gesellschaftsanteils hinausgeht.

2. Pflichtteilsrelevanz von Abfindungsausschlüssen oder -beschränkungen

Wird beim Tod eines Gesellschafters eine Personengesellschaft kraft Gesetzes (§ 130 HGB) oder auf Grund einer so genannten „Fortsetzungsklausel" (insb. bei GbR) mit den verbleibenden Gesellschaftern fortgesetzt, fällt nicht der Gesellschaftsanteil des verstorbenen Gesellschafters, sondern nur dessen Abfindungsanspruch in den Nachlass (§ 738 Abs. 1 S. 2 BGB, der nach § 105 Abs. 3 HGB auch für die oHG gilt und nach § 161 Abs. 2 HGB auch für Komplementäre einer KG). Gesellschaftsvertraglich kann dieser Abfindungsanspruch für den Todesfall aber auch völlig ausgeschlossen werden,[57] mit der Folge, dass sich der ordentliche Pflichtteilsanspruch insoweit auf Null reduziert. Das überzeugt. Der Abfindungsausschluss ist eine vorweggenommene, auf den Todesfall bezogene Verfügung über den Anteilswert. Anders als der für ein lebzeitiges Ausscheiden vereinbarte Abfindungsausschluss schränkt er die Kündigungsmöglichkeiten des Gesellschafters nicht

54 OLG Schleswig, BeckRS 2012, 11025, unter II. 2. b) a.E. der Gründe.
55 BGH, NJW 1981, 1956 = WM 1981, 623.
56 Statt aller MünchKomm/*Koch*, Fn. 41, § 516 Rn. 92.
57 BGH, NJW 1957, 180; Formulierungsvorschläge z.B. bei *Wegmann*, ZEV 1998, 135.

ein; § 723 Abs. 3 BGB steht nicht entgegen. Die Formvorschrift des § 2301 Abs. 1 BGB gilt nicht. Der Abfindungsausschluss lenkt mithin den Gesellschaftsanteil wertmäßig am Nachlass vorbei. Weder Mitgliedschaft noch Abfindungsguthaben fallen in den Nachlass. Eine Partizipation von Pflichtteilsberechtigten am Anteilswert des verstorbenen Gesellschafters scheidet aus.

a) Fortsetzungsklauseln: Abfindungsausschluss und Pflichtteilsergänzung

Umstritten ist, ob eine abfindungsbeschränkende Vereinbarung als „vorweggenommene Anteilsverfügung" dann aber zumindest eine ergänzungspflichtige Schenkung i.S.d. § 2325 BGB darstellt. Dies wird von der h. M. verneint; Abfindungsvereinbarungen hätten – auch wenn sie Abfindungsansprüche von Erben völlig ausschließen – im Allgemeinen nicht den Sinn, dem in Aussicht genommenen Nachfolger letztwillig „etwas zuzuwenden". Vielmehr sollten diese gewährleisten, dass das Gesellschaftsunternehmen beim Tod eines Gesellschafters erhalten bleibt und seine Fortführung nicht durch Abfindungsansprüche erschwert wird.[58] Gilt der Abfindungsausschluss für alle Gesellschafter, liegt nach Ansicht der Rspr. also keine unentgeltliche Zuwendung an die übrigen Gesellschafter vor. Begründet wird dies regelmäßig damit, dass jeder Gesellschafter das gleiche Risiko auf sich nehme und um der Möglichkeit willen, die Gesellschaftsanteile der anderen für den Fall ihres Ausscheidens zu erwerben, seinerseits das Risiko eingehe, seinen Anteil ohne Abfindung zu verlieren. Besteht aber für jeden Gesellschafter gleichermaßen ein Gewinn- und Verlustrisiko, liegt ein sog. *aleatorisches Geschäft* (Geschäft mit Wagnischarakter vor), das keine unentgeltliche Zuwendung darstellt.[59]

Für die Praxis gilt daher: Der Abfindungsausschluss stellt nur dann eine (pflichtteilsergänzungserhebliche) Schenkung dar, wenn der Abfindungsausschluss nur für einzelne Gesellschafter vereinbart wird oder kein ausgeglichenes Risikoverhältnis unter den Gesellschaftern besteht, weil etwa aufgrund größeren Altersunterschieds oder schwerer Krankheit eine große Wahrscheinlichkeit besteht, dass ein Gesellschafter eher verstirbt.

Dieses Ergebnis der h. M. löst das – durchaus nachvollziehbare – Unbehagen aus, dass durch gesellschaftsvertragliche Gestaltungen die verfassungsrechtlich gebotene, bedarfsunabhängige Mindestteilhabe des Pflichtteilsberechtigten praktisch leer laufen kann. Ein für alle Gesellschafter geltender Abfindungsausschluss verkennt möglicherweise die zumindest gegebene „Erbrechtsähnlichkeit" solcher Kautelen. Lebzeitige Zuwendungen auf den Todesfall sind ebenso wie letztwillige Verfügungen auch nicht deshalb „entgeltlich", weil die eigene Verfügung von einer Gegenverfü-

58 Ausf. unlängst *Hölscher*, ZEV 2010, 609, m.w.N., auch zur Entwicklung der Rspr.
59 Nach wie vor grundlegend und aktuell BGH, NJW 1981, 1956, 1957.

gung des Begünstigten abhängig gemacht wird. Hierin liegt eigentlich ein bloßes Motiv, welches eine objektiv fehlende Gegenleistung nicht ersetzt. Auch das Argument, der Gedanke vom Unternehmenserhalt spreche gegen die Unentgeltlichkeit des allseitigen Abfindungsausschlusses, ist kritisch zu sehen; er wird auch sonst nicht berücksichtigt, im Gesetz höchstens explizit, z.B. über § 2331a BGB (Stundung), § 2312 BGB (Ertragswertklausel). Selbst das Erbschaftsteuerrecht folgt der h. M. im Zivilrecht nicht: § 7 Abs. 7 S. 1 ErbStG fingiert bei allseitigen Abfindungsausschlüssen einen unentgeltlichen Erwerb zu Gunsten des verbleibenden Gesellschafters bzw. der Gesellschaft (dies kann aber gerade auch andersherum gesehen werden, nämlich angesichts der Zivilrechtsakzessorietät des Erbschaftssteuerrechts als Ausnahmevorschrift, um Besteuerungslücken zu vermeiden).

Im Ergebnis kann aber die Gründung von Gesellschaften mit Ehegatten und/oder Nachfolge-Kindern durchaus ein Mittel zur Pflichtteilsdämpfung weiterer Pflichtteilsberechtigter sein: Denn die Wahrscheinlichkeit, dass der BGH allseitige Abfindungsklauseln zukünftig nicht mehr als entgeltliche, aleatorische Rechtsgeschäfte ansehen wird, ist relativ gering. Seit der Grundsatzentscheidung aus dem Jahr 1981, aber auch zu den vorausliegenden Judikaten sind keine neuen Gesichtspunkte mehr aufgetaucht, alle Argumente waren dem BGH bereits bekannt.[60]

Deshalb erscheint es insbesondere zweifelhaft, ob auch im Bereich von Abfindungsklauseln eine Unterscheidung Platz greifen wird, die sich in Art und Ausmaß am Umfang der persönlichen Haftung, Mitspracherechten und Arbeits-/Zeitaufwand in der Gesellschaft, wie bei der erstmaligen Einräumung der Beteiligung (s. oben 1.), orientiert, so dass u. U. eine solche Gestaltung bei nur vermögensverwaltenden Gesellschaften und/oder Kommanditbeteiligungen ausschiede. Folgerichtig wäre dies zwar, weil das hinter dem Ganzen steckende Argument und Interesse, Unternehmensvermögen zu erhalten sei vorrangig und damit schutzwürdig, sowohl bei der Einräumung der Beteiligung als auch beim Abfindungsausschluss zieht. Allerdings hat der BGH mit dem „aleatorischen Charakter" auf der Ebene der Gesellschaftsverträge ein zwingendes Moment geschaffen, das für alle Gesellschaftsverträge/-arten gleichermaßen gilt oder besser: ontologisch gelten muss und somit eine solche Differenzierung eben nicht zulässt.

In jedem Fall geht aber, wie auch immer man zur Zukunft der pflichtteilsdämpfenden Wirkung von Abfindungsausschlüssen steht, mit entsprechenden Gestaltungen eine rein tatsächliche Erschwerung von Pflichtteilsergänzungsansprüchen einher, denn der Pflichtteilsberechtigte ist für die Voraussetzungen eines Ergänzungsanspruchs, insbesondere für die Voraussetzungen einer behaupteten Schenkung, beweispflichtig. Erben und vermeintlich beschenkte Gesellschafter können auf die höchstrichterliche Rechtsprechung zum allseitigen Abfindungsaus-

60 *Hölscher*, ZEV 2010, 609, 612.

schluss verweisen; ein Prozessrisiko des Pflichtteilsberechtigten ist nicht von der Hand zu weisen. Pflichtteilsberechtigte dürften mithin zumindest eher bereit sein, vergleichsweise Regelungen über Ergänzungsansprüche zu treffen und Abstriche auf die vermeintliche Forderung hinzunehmen. Mit einer gewissen Wahrscheinlichkeit werden entsprechende Gestaltungen auch dazu beitragen, dass Pflichtteilsberechtigte potenzielle Ergänzungsansprüche überhaupt nicht verfolgen. Denn deren Pflichtteilsrelevanz muss erst einmal erkannt werden; ob sie im Rahmen der Erstellung eines Nachlassverzeichnisses gem. § 2314 BGB z.B. dem Notar auffallen, ist fraglich (wobei ich mich nicht ausnehmen möchte).

Die Risiken, die mit entsprechenden Gestaltungen einhergehen, sind im Vergleich zu ihrem potenziellen Ertrag eigentlich gering.[61] Durch Einbringung bestimmter Gegenstände in eine Gesellschaft geht die Berechtigung des Einzelnen an diesen verloren; es entsteht vielmehr ein dinglich gebundenes Sondervermögen. Diesen „Nachteil" werden die Beteiligten aber in Kauf zu nehmen bereit sein. Wird lediglich eine KG gegründet, kann der Erblasser-Komplementär die Fäden in der Hand behalten. Zudem: Gesellschaften können lebzeitig von den Gesellschaftern gekündigt werden; im Gesellschaftsvertrag kann das Liquidationsverfahren geregelt werden.

Das wohl größte Risiko liegt aber im aleatorischen Charakter des allseitigen Abfindungsausschlusses selbst, oder besser: dessen tatsächlicher Bejahung im konkreten Fall. Die Gefahr steckt dabei nicht darin, dass der „falsche" (=Unternehmer)Erblasser zuletzt verstirbt, nachdem ihm die anderen Gesellschaftsbeteiligungen (wieder) angewachsen sind.[62] Denn dann ist die Situation bloß so, als ob gar keine Gesellschaft gegründet wurde, also der *status quo ante*. Auch kann dann der Erblasser selbstverständlich wieder neu verfügen, auch und erst Recht von Todes wegen.[63] Problematisch ist das auch vom BGH herausgehobene „Strukturgefälle". Die Gesellschaftsgründung der 70jährigen Unternehmer-Erblasserin mit ihrem 30jährigen zweiten Ehemann wird im Sinne der BGH-Rechtsprechung nicht zur Dämpfung der Pflichtteile ihrer Kinder eingesetzt werden können. Daher auch nicht die Gründung einer Gesellschaft des 70jährigen Vaters mit seiner 35jährigen Tochter, um Pflichtteilsansprüche des ungeliebten Sohnes/Bruders zu minimieren. Erfolgversprechender sind Gestaltungen, bei denen der ungefähr gleich alte Ehegatte (dann kann immerhin § 2325 Abs. 3 Halbs. 2 BGB „umgangen" werden) und/oder Geschwister hereingenommen werden. Dies muss aber dem Mandanten erst einmal vermittelt werden...

Interessant scheint mir das Ganze daher tatsächlich nur bei einem Start-Up oder „Einkaufen" gleichberechtigter, nicht notwendig verwandter Mitgesellschafter (bei

61 *Hölscher*, ZEV 2010, 609, 614.

62 Insofern a. A. *Hölscher*, ZEV 2010, 609, 614.

63 M. E. missverständlich *Hölscher*, ZEV 2010, 609, 614.

denen es dann auf den Altersunterschied nicht so sehr ankommen dürfte) oder bei ungefähr gleich alten (Ehe-/Lebens)partnern mit gleichwertigen Beiträgen.
In einer Gesamtbetrachtung kann daher einem Berater kein Vorwurf gemacht werden, wenn er gesellschaftsrechtliche Gestaltungen nicht gezielt zur Pflichtteilsminimierung vorschlägt. Wichtig ist vielmehr, wenn man eine solche Strategie verfolgt, auch auf die klassischen Minimierungsfaktoren zu setzen. So kann bei frühzeitigem Ergreifen der Maßnahmen, ob Gründung oder Hereinnahme in bestehende Gesellschaft, eine Schenkung diesbezüglich womöglich sogar ausgeschlossen werden (s. oben 1.), immerhin die zehnjährige Ergänzungsfrist zum Anlaufen gebracht und auch die Vorteile der Abschmelzung fruchtbar gemacht werden. Damit könnte man zum Ergebnis kommen, zehn Jahre nach Gründung/Einräumung der Gesellschafterstellung seien die pflichtteilsrechtlichen Probleme obsolet, und zwar auch und gerade was die Beteiligung des Erblasser-Gesellschafters betrifft.

Letzteres ist aber nicht sicher – kommt es, wenn die BGH-Rspr. zum aleatorischen Rechtsgeschäft *nicht* greifen sollte, auf die Einräumung der Gesellschafterstellung nebst wirksamen Abfindungsausschluss an oder darauf, wann sich dieser manifestiert, nämlich beim Tod des Unternehmer-Erblassers? Angesichts der aktuellen Rspr. des BGH zu Unterbeteiligungskonstruktionen[64] auf den Todesfall wird man vertreten können, dass – gleichsam erst recht – der Zeitpunkt der Einräumung der Beteiligung/Abschluss des Gesellschaftsvertrags reicht. Gesichert ist dies freilich angesichts des formalen Leistungsbegriffs bei § 2325 Abs. 3 BGB nicht.[65] Zur Vorsicht ist auch hier insbesondere wegen der (insgesamt zu kritisierenden) Rspr. des BGH zum „wirtschaftlichen Leistungserfolg“[66] zu raten. Die wohl noch h. M. lässt daher die Ergänzungsfrist, *wenn* im Abfindungsausschluss eine Schenkung zu sehen ist, erst mit dem Tode des Erblassers anlaufen.[67]

b) Pflichtteilsergänzung und Eintrittsklauseln

Im Falle der Eintrittsklausel geht der Gesellschaftsanteil zunächst auf die übrigen Gesellschafter über und dem oder den Begünstigten steht ein Übertragungsanspruch zu. Dieser Anspruch ist *societatis causa* begründet und daher pflichtteils(ergänzungs)rechtlich unerheblich. Es ergibt sich hier daher für die Frage der Berechnung des Pflichtteils- und Pflichtteilsergänzungsanspruchs des Nicht-Begünstigten

64 S. unten 3.
65 „Rechtlicher Leistungserfolg“ maßgebend, statt aller MünchKomm/*Lange*, Fn. 16, § 2325 Rn. 59 m. Nachw.
66 BGH, NJW 1994, 1791; s. oben B. II. 1.
67 *Bamberger/Roth/J. Mayer*, BGB, 2. Aufl., § 2325 Rn. 29 m.w.N.

die gleiche Problematik wie bei der Fortsetzungsklausel:[68] Besteht ein Abfindungsanspruch und wird dieser vom Erblasser einem Begünstigten zugewandt, fällt dieser vorerst in den Nachlass und wird bei Berechnung des ordentlichen Pflichtteils berücksichtigt. Wird dagegen der Abfindungsanspruch eingeschränkt oder ausgeschlossen, gilt das zuvor Gesagte.

c) Pflichtteil bei einfacher oder qualifizierter Nachfolgeklausel

In den Fällen gesellschaftsvertraglicher Nachfolgeklauseln (bzw. bei einem Kommanditisten kraft Gesetzes, § 177 HGB) kommt es zum Übergang des Gesellschaftsanteils im Wege des Erbrechts. Bei der einfachen Nachfolgeklausel treten alle Erben in die Gesellschafterstellung des Erblassers ein, wobei jeder Miterbe einen seiner Erbquote entsprechenden Anteil erhält (Sondererbfolge). Der Gesellschaftsanteil fällt in den Nachlass und wird bei der Berechnung des ordentlichen Pflichtteils berücksichtigt. Bei der qualifizierten Nachfolgeklausel rückt nur derjenige Erbe oder Vermächtnisnehmer im Wege der Sondererbfolge in die Gesellschaft ein, der die entsprechenden Qualifikationsmerkmale erfüllt, und zwar unabhängig von der Höhe der ihm zugeteilten Erbquote. Hier fällt zum einen der auf den Gesellschaftererben übergegangene Gesellschaftsanteil und zum anderen der Abfindungsanspruch in Höhe des den übrigen Gesellschaftern anwachsenden Anteils in den Nachlass – bei einem Abfindungsausschluss gilt also insofern das zur Fortsetzungsklausel Referierte wiederum entsprechend.

3. (Unter-)Beteiligungen auf den Todesfall als Königsweg? – insb. Fall „Siegfried Unseld"

Fall: Erblasser E ist persönlich haftender Gesellschafter der E KG. Alleinerbin soll seine Tochter T sein. E gründet zu Lebzeiten eine E-Stiftung und räumt dieser ohne Gegenleistung mit notarieller Urkunde eine Unterbeteiligung an 50% seiner Vollhaftbeteiligung ein, und zwar mit Wirkung erst auf seinen Tod. Die Hauptbeteiligtenstellung sollte auf die Erbin übergehen.

Eine Unterbeteiligung (besser: Unterbeteiligungsverhältnis oder Unterbeteiligungsvertrag) ist eine der stillen Gesellschaft (§§ 230 ff. HGB) ähnelnde BGB-Innengesellschaft.[69] So wie ein Kaufmann einen Dritten durch stillen Gesellschaftsvertrag intern an seinem Unternehmen und an dessen Geschäftsergebnissen (§ 231

68 *G. Müller*, in: *Schlitt/Müller*, Fn. 22, § 10 Rn. 145.
69 Dazu etwa *Windbichler*, GesellschaftsR, 22. Aufl. 2009, § 18; *K. Schmidt*, GesellschaftsR, 4. Aufl. 2002, § 63.

HGB) beteiligen kann, kann auch ein Gesellschafter einem Dritten durch Unterbeteiligungsvertrag intern an seinem Anteil und an der damit verbundenen Ergebnisbeteiligung (Gewinn- und Verlustbeteiligung) partizipieren lassen. Im Handelsregister wird dies nicht eingetragen. Vielmehr bleibt der Hauptbeteiligte nach außen Gesellschafter und die Unterbeteiligung wirkt nur im Innenverhältnis.

Im vorliegenden Unterbeteiligungsvertrag war der jeweilige Hauptbeteiligte stets Geschäftsführer des Unterbeteiligungsverhältnisses. Er sollte jedoch die Unterbeteiligte von besonderen Maßnahmen unterrichten und sie dazu anhören, bei besonderen Geschäften sollte auch entsprechend § 116 Abs. 2 HGB deren Zustimmung nötig sein.

Der „missratene" Sohn S macht nun Pflichtteils- und Pflichtteilsergänzungsansprüche im Hinblick auf die der E-Stiftung „auf den Tod des E" eingeräumte Unterbeteiligung geltend.

Im Ergebnis ist zu unterscheiden: Bezogen auf den ordentlichen Pflichtteil kommt es darauf an, ob E durch die aufschiebend bedingte Einräumung der Unterbeteiligung den Nachlass wirksam verringert hatte. Hier liegt ein Schenkungsversprechen auf den Todesfall im Sinne von § 2301 BGB vor. Danach fällt eine auf den Todes- und Überlebensfall vereinbarte Schenkung nur dann aus dem Nachlass heraus, wenn der Schenker die Schenkung durch Leistung des zugewendeten Gegenstands vollzogen hat (§ 2301 Abs. 2 BGB). Dies war bisher (im Zusammenhang mit der strukturparallelen Vorschrift des § 518 Abs. 2 BGB[70]) umstritten, insbesondere, weil es nicht zu einer Vermögensübertragung im eigentlichen Sinne komme.[71] Der BGH[72] nimmt im Pflichtteilsstreit der Verlegerfamilie Unseld (Suhrkamp, Insel-Verlag) zum Meinungsstreit nicht explizit Stellung, verfährt jedoch in einer differenzierenden Weise (wie zuvor schon der BFH[73]), wenn es im Urteil heißt:

> „Zwar kommt es auch bei der Zuwendung einer solchen Unterbeteiligung – anders als bei der Zuwendung einer Beteiligung an einer Außengesellschaft – nicht zu einer dinglichen Mitberechtigung an der Hauptgesellschaft, da (...) kein Gesamthandsvermögen (...). Beschränkt sich aber die Unterbeteiligung nicht nur auf schuldrechtliche Ansprüche gegen den zuwendenden Hauptbeteiligten auf Beteiligung am Gewinn und am Liquidationserlös, sondern werden dem Unterbeteiligten in der Innengesellschaft darüber hinaus mitgliedschaftliche Rechte eingeräumt, durch die er Einfluss auf die Innengesellschaft nehmen kann, erhält er nicht nur die Stellung eines schuldrechtlichen Gläubigers, sondern eine in dem Anteil an der Innengesellschaft verkörperte mitgliedschaftliche Rechtsposition. Das rechtfertigt die Annahme, dass die unentgeltliche Zuwendung einer derartigen Beteiligung an einer Innengesellschaft ebenso wie die unentgeltliche Einräumung einer Beteiligung an einer Außengesellschaft mit dem Abschluss des Gesellschaftsvertrags vollzogen ist."

70 Im vom BGH entschiedenen Fall war indes ohnehin notariell beurkundet worden.
71 Überblick bei *K. Schmidt*, JuS 2012, 460, 461.
72 NZG 2012, 222 = ZIP 2012, 326 = ZEV 2012, 167 m. Anm. *Reimann*.
73 NJW-RR 2008, 986 (Tz. 13 f.).

Es lässt sich also davon sprechen, dass der Empfänger bereits ein „Als-ob-Gesellschafter“ sein muss.[74] Somit können durch eine entsprechend „mitunternehmerisch“ gestaltete Unterbeteiligungsgestaltung auf den Tod Vermögenswerte dem Nachlass entzogen werden und fallen diese nicht mehr in die Berechnung des Pflichtteils nach §§ 2303, 2311 BGB. Im Fall Unseld war die Gestaltung übrigens insoweit noch weitergehend, als Unterbeteiligte und Erbin als Rechtsnachfolge-Hauptbeteiligte identisch waren, d.h. die Unterbeteiligung ging beim Tod des E nach ihrem Entstehen gleich wieder unter. Gleiches wäre erreicht, wenn die Unterbeteiligung mit dem Tod des E endete (so vom BGH nicht erwähnt, wohl aber vom Berufungsgericht). Dann bestand sogar noch ein Abfindungsanspruch, den die Hauptbeteiligte als Erbin quasi gegen sich selbst hatte und der den pflichtteilsrelevanten Nachlass i. S. v. § 2311 Abs. 1 BGB mindert! Denn Rechtsverhältnisse, die infolge des Erbfalls durch Konfusion oder Konsolidation erloschen sind, gelten für die Berechnung des Pflichtteilsanspruchs als nicht erloschen.[75] Freilich ist zu hinterfragen, ob diese auf die Spitze getriebene Gestaltung tatsächlich so akzeptiert werden muss: Wenn vor dem Tod des E Mitwirkungsrechte nicht zum Entstehen kommen und bei seinem Tod gleich wieder verschwinden, ist zweifelhaft, ob die E-Stiftung jemals die Position eines „Als-ob-Gesellschafters“ hatte.[76]

Auf einem anderen Blatt steht die durch die schenkweise Einräumung der Unterbeteiligung selbst ausgelöste Pflichtteilsergänzung nach § 2325 BGB, über die der BGH im erwähnten Fall nicht zu entscheiden hatte. Diese kann durch eine solche Gestaltung, wie bei den Außengesellschaften, nicht umgangen werden; auch die Stiftungserrichtung spielt keine Rolle.[77] Die Zustimmungspflicht analog § 116 Abs. 2 HBG dürfte nicht ausreichen, um das Ganze auf die Ebene einer „Gegenleistungsähnlichkeit“ zu heben.

Allerdings könnte durch den festgestellten Schenkungsvollzug im Sinne von § 2301 Abs. 2 BGB zumindest die Zehnjahresfrist (mit Abschmelzung) zum Anlauf gebracht worden sein. Hierfür spricht, dass es sowohl bei § 2301 Abs. 2 BGB als auch bei § 2325 Abs. 3 BGB jeweils um „Vollziehung“ geht. Gleichwohl ist mit *Lange*[78] davor zu warnen, die Streitfrage, wann ein Vollzug im Sinne des § 2301 Abs. 2 BGB anzunehmen ist, unbesehen auf die Diskussion um den Fristbeginn nach § 2325 Abs. 3 BGB zu übertragen. Die Rspr. des BGH zum – auch – wirtschaftlichen Leistungserfolg bei § 2325 Abs. 3 BGB[79] tut hierzu ihr Übriges; demzufolge

74 *Westermann*, ZIP 2012, 1007, 1008.
75 BGHZ 98, 382, 389 = NJW 1987, 1260, 1262; MünchKomm/*Lange*, Fn. 16, § 2311 Rn. 7 m.w.N.
76 *Westermann*, ZIP 2012, 1007, 1009.
77 S. oben B. II. 3.
78 In: MünchKomm/BGB, Fn. 16, § 2325 Rn. 59.
79 BGH, NJW 1994, 1791, s. schon oben B. II. 1.

beginnt bei Vermögensübertragungen, die durch den Tod des Erblassers aufschiebend bedingt sind, die Zehnjahresfrist erst mit dem Tod des Erblassers zu laufen, da vor diesem Zeitpunkt das Vermögensopfer noch nicht erbracht worden ist.[80] Daher muss auch im hier referierten „Fall Unseld" davon ausgegangen werden, dass der Abschluss des Unterbeteiligungsvertrages auf den Todesfall die Ergänzungsfrist noch nicht auslösen konnte, ferner das Niederstwertprinzip des § 2325 Abs. 2 BGB auf den Zeitpunkt des Todes des Erblassers anzuwenden ist.[81]

Die Einräumung von Unterbeteiligungen (dto.: stillen Beteiligungen) „auf den Todesfall" ist also kein Mittel zur Pflichtteilsdämpfung weichender Berechtigter.

4. Kapitalgesellschaften

Bei Kapitalgesellschaften kann die Vererblichkeit von Anteilen nicht ausgeschlossen werden. Deshalb fällt die Beteiligung grundsätzlich und stets in den pflichtteilsrelevanten Nachlass. Allerdings ist auch bei Kapitalgesellschaften eine vergleichbare Gestaltung wie bei Personengesellschaften dadurch möglich, dass entschädigungslose Einziehungs- und Abtretungsklauseln im Todesfall in der Satzung vereinbart werden. Bezogen auf den/die Erben ist der Wert des betreffenden Geschäftsanteils für Pflichtteilszwecke daher entweder Null oder als Erbfallschuld abzuziehen, wenn die verbleibenden Gesellschafter von diesem Recht Gebrauch machen. Bezogen auf die Satzungsbestimmung selbst, die den verbleibenden Gesellschaftern die Möglichkeit einer Mehrung ihrer Stellung ohne Gegenleistung einräumt, muss das zur Fortsetzungsklausel bei Personengesellschaften Referierte entsprechend gelten. Hierzu liegt freilich noch keine Rechtsprechung vor.

5. Abfindungsbeschränkungen

Besondere Probleme pflichtteilsrechtlicher Art ergeben sich bei der Bewertung des Gesellschaftsanteils (sowohl bei Personen- als auch bei Kapitalgesellschaften), wenn der Gesellschaftsvertrag keinen Abfindungsausschluss, sondern nur eine Abfindungsbeschränkung enthält,[82] sei es bei der Abfindung für das Ausscheiden im Todesfall bei Personengesellschaften, sei es bei der Abfindung für die Einziehung/Abtretung in GmbH-Satzungen. Die Frage, ob solche gesellschaftsvertraglichen Beschränkungen auch maßgeblich sind für die Wertberechnung zum Zwecke der Ermittlung eines ordentlichen Pflichtteilsanspruchs, ist umstritten und

80 MünchKomm/*Lange*, Fn. 16, § 2325 Rn. 58.

81 So i. Erg. auch *Reimann*, ZEV 2012, 170, 171.

82 *G. Müller*, in: *Schlitt/Müller*, Fn. 22, § 10 Rn. 143 f., m. Nachw., auch zum Folgenden.

lässt sich nicht ohne Weiteres mit der Interessenlage in dem Fall vergleichen, wo ein Gesellschafter bereits zu Lebzeiten im Gesellschaftsvertrag auf seinen Abfindungsanspruch für den Fall seines Todes verzichtet hat (vgl. oben 2.). Denn hier wird ja tatsächlich etwas weitergegeben.

Es ist zu differenzieren: Wenn die Kündigung der Gesellschaftsbeteiligung am Todestag des Erblassers bereits erfolgt oder zumindest eingeleitet ist und sich die Abfindungsklausel dadurch konkretisiert, ist die abfindungsbeschränkende Klausel für die Pflichtteilsberechnung maßgeblich. Ansonsten ist die Rechtslage höchstrichterlich noch nicht geklärt. Der BGH[83] hat sich bisher nur im Rahmen des Zugewinnausgleichs geäußert und entschieden, dass der Klauselwert nicht maßgeblich sei, sondern sich allenfalls bei der Bewertung selbst wertmindernd auswirken könne. Richtigerweise ist auch bei der Pflichtteilsberechnung anzunehmen, dass Abfindungsklauseln grundsätzlich keinen Einfluss auf die Wertermittlung von Unternehmensbeteiligungen haben, höchstens einen wertmindernden Faktor als solchen darstellen können, da sonst dem Pflichtteilsberechtigten durch entsprechende gesellschaftsvertragliche Abfindungsklauseln effektiv vorhandene Nachlasswerte entzogen und dadurch der gesetzlich geschützte Pflichtteilsanspruch ausgehöhlt werden könnte, obwohl (anders als bei Fortsetzungsklauseln) es einen „Erben“ der Beteiligung gibt.[84] Damit kann sich bei Kapitalgesellschaften bzw. bei Nachfolgeklauseln[85] für einen Erben die missliche „Bumerang“-Situation ergeben, dass er im Falle des Ausscheidens aus der Gesellschaft (vielleicht gerade, um seine Pflichtteilslast, ermittelt auf der Basis des Verkehrswerts, zu begleichen) selbst nur den geringeren Abfindungsbetrag auf der Basis der gesellschaftsvertraglichen Regelung erhält![86]

Tendenziell stellen gesellschaftsrechtliche Abfindungsbeschränkungen also kein taugliches Mittel zur Pflichtteilsdämpfung dar.

III. Pflichtteilsreduzierung durch grenzüberschreitende Maßnahmen

1. Internationales Privatrecht

Ob Angehörige des Erblassers ein Pflichtteilsrecht haben, bestimmt sich grundsätzlich nach dem Heimatrecht des Erblassers (Art. 25 Abs. 1 EGBGB). Bei einem deutschen Erblasser gilt deshalb deutsches Pflichtteilsrecht unabhängig davon, ob sich

83 NJW 1999, 784.

84 So auch Palandt/*Weidlich*, Fn. 47, § 2311 Rn. 11; *Iversen*, NJW 2012, 183.

85 Rspr. bei Kommanditisten kraft Gesetzes, § 177 HGB.

86 Diese Erkenntnis verdanke ich Herrn Kollegen *M. Schwab*, München, im Zuge der Diskussion nach dem Vortrag.

die Nachlassgegenstände im In- oder Ausland befinden. Dieser Grundsatz wird durch Art. 3a Abs. 2 EGBGB dann durchbrochen, wenn ausländische Staaten dort belegenes unbewegliches Vermögen ihrem eigenen Erbrecht unterstellen (so genannte Nachlassspaltung). Für ausländische Immobilien des deutschen Erblassers gilt dann das ausländische Erbrecht. Da einige ausländische Staaten (wie z.B. einige US-Bundesstaaten, namentlich Florida) kein Pflichtteilsrecht kennen oder unterschiedlich gestalten – z.B. niedrigere Quoten – und dies höchstens durch unterhaltsrechtliche Regelungen kompensieren,[87] ist die entscheidende Frage, ob dieses Auslandsvermögen bei der Berechnung von Pflichtteilsansprüchen und insbesondere bei Pflichtteilsergänzungsansprüchen Berücksichtigung findet oder nicht.

Dabei spricht nach heute allgemeiner Ansicht viel dafür, dass Pflichtteilsansprüche für jeden Spaltnachlass isoliert geprüft werden müssen und ein Ausgleich grundsätzlich nicht stattfindet.[88] Wegen dieser Rechtslage kann es durchaus auch zu dem Fall kommen, dass ein Pflichtteilsberechtigter wegen des in Deutschland befindlichen Nachlasses vom Erblasser wirksam enterbt ist, wegen des Spaltnachlasses im Ausland aber durch letztwillige Verfügung ausdrücklich als Erbe oder Vermächtnisnehmer vorgesehen ist. Diese Problematik kann insgesamt in der Weise gelöst werden, dass für den Fall der Geltendmachung des Pflichtteils wegen des in Deutschland befindlichen Vermögens sich der Pflichtteilsberechtigte die Zuwendung, die er auf Grund einer Erbberechtigung und einer Vermächtniszuwendung im Ausland erhält, anrechnen lassen muss.

Sieht umgekehrt das ausländische Recht wegen des im Ausland befindlichen Gegenstandes (beispielsweise bei Immobilien in England oder in Florida) keinen Pflichtteilsanspruch vor, kann der deutsche Pflichtteilsberechtigte wegen dieses im Ausland befindlichen Vermögens auch keine Pflichtteilsansprüche geltend machen.

Nach Meinung des BGH[89] liegt in diesen Fällen bislang auch kein Verstoß gegen den *ordre public* (Art. 6 EGBGB) vor. Daher kann seitens des Erblassers/Übergebers erwogen werden, das Vermögen in solche Wirtschaftsgüter umzustrukturieren, die sich in Spaltnachlässen nach Art. 3a Abs. 2 EGBGB befinden. Überlegt werden könnte, ob der Erblasser sein deutsches Wertpapiervermögen z.B. dazu verwendet, Grundstücke in Florida zu erwerben. Das damit verbundene pflichtteilsrechtliche Ziel soll nach teilweise vertretener Ansicht gleichwohl scheitern, da bei einem solchen Versuch der Aushöhlung der Pflichtteilsrechte diesbezüglich erbrechtliche Vorschriften zur Anwendung kommen sollen.[90] Fraglich ist mit *v. Oert-*

87 Dazu *Emmerling de Oliveira*, in: *Schlitt/Müller*, Fn. 22, § 15 Rn. 1 ff. (so ist z.B. die Rechtslage in Spanien wegen geltender Foralrechte neben dem *codigo civil* sehr unübersichtlich); *Böhmer*, ZEV 1998, 251.

88 *Klingelhöffer*, Pflichtteilsrecht, 2. Aufl. 2003, Rn. 365 ff.

89 NJW 1993, 1920, 1921.

90 *Klingelhöffer*, ZEV 1996, 258, 259 f.

zen/Pawlytta[91] jedoch, um welche es sich hier handeln soll: § 2325 BGB ist wohl nicht einschlägig, da keine Veräußerung vorliegt. Geld wird umgetauscht in ein anderes Wirtschaftsgut im Eigentum des Erblassers. Der Nachlass ist damit nicht geschmälert. Er unterliegt nur jetzt teilweise einem anderen Recht. Im Übrigen muss die Gestaltungsumgehung im Prozess von dem potentiell Geschädigten dargelegt und bewiesen werden. Das subjektive Tatbestandsmerkmal wird jedoch kaum nachweisbar sein.[92]

Praxistipp:[93]
Sieht das ausländische Recht bei Spaltnachlässen für bestimmte Gegenstände des Erblassers keinen Pflichtteils- oder Pflichtteilsergänzungsanspruch vor, kann es eine das Unternehmen entlastende Pflichtteilsvermeidungsstrategie sein, in diesem Staat bewegliche oder unbewegliche Vermögensgegenstände zu erwerben!

Ob es freilich im Übrigen opportun ist, deswegen auch ganze Betriebsstätten dorthin zu verlagern, steht auf einem anderen Blatt, zumal es dann zu Bewertungsschwierigkeiten hinsichtlich pflichtteilsrechtlich allein relevanter inländischer Betriebsteile kommen kann. Auch ist die steuerliche Lage im Ausland regelmäßig ungünstiger, von den Schwierigkeiten des AStG (Aufdeckung stiller Reserven) ganz abgesehen. Eine bloße Wohnsitzverlagerung ist demgegenüber – derzeit – noch keine Vermeidungsstrategie.

Noch schwieriger und bisher kaum gelöst ist die Frage, welche Rechtslage sich ergibt, wenn Auslandsvermögen zu Lebzeiten des Erblassers auf dritte Personen übertragen worden ist (Pflichtteilergänzung). Auch wenn es hierzu noch keine Rechtsprechung gibt, versucht die h. M.[94] die Problematik anhand einer hypothetischen Prüfung zu lösen und stellt sich die Frage, in welchen Spaltnachlass der verschenkte Gegenstand gefallen wäre, wenn er nicht zu Lebzeiten verschenkt worden wäre. Wenn es sich hier, um das Beispiel fortzuführen, um eine Immobilie in England oder Florida handelt, bestünde für diese Immobilien ein ausländischer Spaltnachlass. Diese Einordnung hat weiterhin zur Folge, dass wegen des Pflichtteilsergänzungsanspruches dann auch dieses ausländische Recht Anwendung findet. Sieht das ausländische Recht keinen Pflichtteil vor, kann auch der deutsche Pflichtteilsberechtigte keine Pflichtteilsergänzungsansprüche wegen dieses Vermögensgegenstandes nach seiner unentgeltlichen Weggabe an Dritte geltend machen.

91 In: *Scherer*, Münchener Anwaltshandbuch Erbrecht, § 33 Rn. 151.
92 *V. Oertzen/Pawlytta*, Fn. 91.
93 *G. Müller*, in: *Schlitt/Müller*, Fn. 22, § 11 Rn. 154 f.
94 Vgl. hierzu und zum Folgenden *Lehmann*, in: *Schlitt/Müller*, Fn. 22, § 14 Rn. 34 ff., m.w.N.

2. Neue Aspekte durch die Europäische Erbrechtsverordnung

Der Rat der Europäischen Union hat am 7.6.2012 die "Verordnung über die Zuständigkeit, das anzuwendende Recht, die Anerkennung und Vollstreckung von Entscheidungen und die Annahme und Vollstreckung öffentlicher Urkunden in Erbsachen sowie zur Einführung eines Europäischen Nachlasszeugnisses" („ROM-IV-Verordnung“, Erbrechtsverordnung – ErbRVO) mit einer Gegenstimme verabschiedet (Nr. 650/2012 ABl. EU L 201/107). Sie wird (vgl. Art. 84 ErbRVO) ab dem 17.8.2015 gelten (bis dahin getroffene Rechtswahlen nach bisherigem Recht bleiben gem. der Übergangsvorschrift in Art. 83 ErbRVO auch danach noch wirksam).

a) Kernelemente

Die Verordnung weist für den hier interessierenden Themenkreis folgenden wesentlichen Inhalt auf:

- Die nationalen materiellrechtlichen Vorschriften zum Erbrecht (Sachrecht) bleiben bestehen.
- Das anwendbare Erbrecht wird grundsätzlich durch den letzten gewöhnlichen Aufenthalt des Erblassers bestimmt (Art. 21 ErbRVO). Davon ist dann auch das Pflichtteilsrecht umfasst, Art. 23 Nr. 2 h ErbRVO)
- Der Erblasser kann durch ausdrückliche Erklärung in einer Verfügung von Todes wegen eine Rechtswahl – nur! – zugunsten seines Heimatrechts, bei mehreren Staatsangehörigkeiten eines von diesen, treffen (Art. 22 ErbRVO). Diese umfasst dann auch das Pflichtteilsrecht, Art. 23 Nr. 2 h ErbRVO. Die Rechtswahlmöglichkeit gem. Art. 25 Abs. 2 EGBGB entfällt.
- Festzuhalten bleibt aber, dass die Erb- und Pflichtteilsrelevanz von gesellschaftsvertraglichen Vereinbarungen vom Anwendungsbereich der Verordnung ausdrücklich ausgenommen ist (Art. 1 Nr. 3 h ErbRVO)!
- Es herrscht der Grundsatz der Nachlasseinheit, d. h. das gesamte weltweite Nachlassvermögen unterliegt einem einheitlichen Sachrecht (Art. 23 ErbRVO).
- Allerdings ist das sich aufgrund der VO ergebende Recht auch dann anzuwenden, wenn es nicht das Recht eines Mitgliedsstaates ist (Art. 20 ErbRVO).

- Die Anwendung der Lehre der Rück- und Weiterverweisungen (sog. Renvoi) wird ausgeschlossen (Art. 34 ErbRVO).

Pflichtteilsrechtlich ergeben sich hieraus womöglich neue Aspekte, wobei diese hier aus Raumgründen und weil derzeit noch kaum wissenschaftliche Aussagen vorliegen, nur gestreift werden können:[95]

b) Strategiewechsel: Verlagerung des Erblassers anstelle des Vermögens?

Die bislang gestalterisch durchaus probate Vermögensverlagerung in „pflichtteilsfreundliche" Regionen der Welt dürfte künftig zwecklos sein, da es aus deutscher Sicht nicht mehr zur hierfür nötigen Nachlassspaltung kommt, Art. 3 Abs. 3a EGBGB ist verdrängt (vgl. Art. 3 Nr. 1 EGBGB – „insbesondere"). Ob dies z. B. auch für die „Florida-Fälle" gelten kann (d.h. Verdrängung auch von „Teil"-Rechtsordnungen außerhalb der EU), ist kompetenzrechtlich zwar ebenso fraglich wie die Tatsache, dass umgekehrt nach Artt. 20, 23 ErbRVO auch Extra-EU-Rechte zwangsweise berufen werden,[96] für die beratende Rechtspraxis aber hinzunehmen. Jedoch auch in England,[97] Wales und Nordirland sowie in einigen spanischen Gebieten[98] (z. B. Region Navarra, Insel Menorca) gibt es keine Pflichtteilsansprüche.[99]

Vor diesem Hintergrund besteht ein Unbehagen, dass sich ein Erblasser künftig zwar nicht mehr durch Vermögensverlagerung, wohl aber durch den bloßen Wechsel seines gewöhnlichen Aufenthaltsorts und dem damit verbundenem Statutenwechsel Pflichtteilsansprüchen entziehen kann bzw. zumindest die Höhe der Pflichtteilsansprüche beeinflussen kann. Zwar enthält Art. 35 ErbRVO ebenfalls einen *Ordre-public*-Vorbehalt:

> „Die Anwendung einer Vorschrift des nach dieser Verordnung bezeichneten Rechts eines Staates darf nur versagt werden, wenn ihre Anwendung mit der öffentlichen Ordnung (ordre public) des Staates des angerufenen Gerichts offensichtlich unvereinbar ist."

95 Vertieft zur ErbRVO z. B. das Folgesymposium der Münchener Forschungsstelle für Notarrecht vom 14.11.2012. Die nachfolgend angerissenen pflichtteilsrechtlichen Implikationen der ErbRVO waren, soweit ersichtlich, nach wie vor nicht Gegenstand ausführlicher Betrachtungen im Schrifttum.

96 Hierzu ausf. *Majer*, ZEV 2011, 445, 447 ff.

97 Dass die ErbRVO in Großbritannien (ebenso in Dänemark und Irland) selbst nicht gilt, ist mit dem zuvor Dargestellten (Art. 20, 23 ErbRVO) gerade nicht ausschlaggebend!

98 Vgl. *Emmerling de Oliveira*, in: *Schlitt/Müller*, Fn. 19, § 15 Rn. 583 ff.

99 Vgl. die Länder-Übersicht auf der Internetseite des Rates der Notariate der EU (CNUE), www.successions-europe.eu; Stand zum Zeitpunkt der Veranstaltung 10.3.2012, zur Zeit der Drucklegung 10.8.2012.

Auch ist aus Sicht des EU-Rechts dem Schutz der Pflichtteilsrechte bereits dadurch Rechnung getragen worden, dass die in den ursprünglichen Vorschlägen vorgesehenen weitergehenden Rechtswahlmöglichkeiten zurückgenommen wurden.[100]

Zu denken wäre jedoch an die deutsche Verfassungslage zur unentziehbaren Mindestvermögensteilhabe über das Pflichtteilsrecht, Art. 6 Abs. 1, 14 Abs. 1 GG, wie sie das BVerfG aktualisiert hat.[101] Der BGH hatte zur überkommenen Situation betreffend die Ausnützung von Spaltnachlässen zwar keine Bedenken.[102] Dabei konnte es aber immer nur um gegenständlich beschränkte Vermögensverlagerungen gehen. Außerdem war die verfassungsrechtliche Rechtsprechung zur Zeit dieser BGH-Entscheidung noch gar nicht ergangen. Es ist daher noch sehr unsicher, ob und wie weit unter der Ägide der ErbRVO Wegzugsstrategien auch Pflichtteilsvermeidungsstrategien sein werden.

c) Pflichtteilsrechtliche Folgen eines unbedachten Wegzugs ins Ausland

Aber auch umgekehrt droht durch die ErbRVO künftig Gefahr, wenn z.B. der Unternehmensinhaber seinen Lebensabend unter dem vermeintlichen Sonnenschirm einer Rechtsordnung verbringt, die pflichtteilsrechtlich ungünstiger ist (z.B. höhere Pflichtteilsquoten – teilweise bis zu vier Fünftel des Nachlasses! –, keine Frist betreffend Erblasserschenkungen, keine Möglichkeit, zu Lebzeiten des Erblassers Pflichtteilsverzichte zu vereinbaren; oder Rechtsordnungen mit Vindikationslegaten/Mindesterbteilen/Noterbrechten, die zu Zwangserbengemeinschaften führen), aber vergessen wurde, eine Rechtswahl zugunsten seines deutschen Heimatrechts zu treffen. Auf den Zeitpunkt der Vornahme der Schenkung dürfte es dann gerade nicht ankommen.

Diese Gefahr, bei einer Wohnsitzverlagerung, aber auch Sitzverlegung des Erblassers und Betriebsinhabers gleichsam in pflichtteilsrechtliche „Fettnäpfchen" zu treten, ist m. E auch nicht zu unterschätzen; sie dürfte rein faktisch viel bedeutsamer sein als die zuvor dargestellte Wegzugstaktik. Bereits eine kursorische Durchsicht der Länderübersichten in der Internetpräsenz der CNUE[103] zeigt (für mich überraschend), dass in sehr vielen europäischen Staaten das Pflichtteilsrecht entsprechend den zuvor gegebenen Beispielen schärfer ausgestaltet ist als in Deutschland und in

100 DNotI-Report 2009, 186, 187.
101 NJW 2005, 1561.
102 S. oben Fn. 89.
103 Vgl. oben Fn. 99.

den weitaus meisten Staaten jedenfalls nicht günstiger.[104] Die unter b) gegeben Länderbeispiele sind eine Ausnahme.

Zur Vorbeugung empfiehlt sich (wie auch aus sonstigen Gründen) eine Rechtswahl des (deutschen) Heimatrechts. Dabei ergibt sich für den Vertragsgestalter ein Dilemma: Soll er derzeit allen Mandanten vorsorglich immer die Wahl des deutschen (Heimat-)Erbrechts anraten? Verfolgt der Mandant später eine „Wegzugsstrategie“ – und hat gar noch den Berater gewechselt –, wäre dies ungünstig, wenn nicht die letztwillige Verfügung geändert wird. Eine Patentlösung gibt es nicht. Bei Unternehmensnachfolgen wird man ohnehin sehr intensiv im Einzelfall beraten. Da, wie ersehen, die umgebenden europäischen Rechtsordnungen tendenziell ohnehin pflichtteilsrechtlich ungünstiger sind, lasse ich im „Standardfall“ junge deutsche Erblasser bereits jetzt vorsorglich immer das deutsche Recht wählen, ältere nicht, sondern belehre nur über die möglichen Folgen eines Statutenwechsels bei Wegzug. Das gilt grundsätzlich auch bei Unternehmern, da man sich mit der deutschen Rechtsordnung zumindest auf bekanntem Terrain, auch pflichtteilsrechtlich, bewegt, und um es nochmals zu betonen, diese zumindest im europäischen Raum sogar relativ „pflichtteilsfreundlich“ ist.

D. Zusammenfassung

Familien- und gesellschaftsrechtliche Gestaltungen bieten interessante Möglichkeiten zur Reduzierung des Pflichtteilsrisikos bei der vorweggenommenen Erbfolge, erfordern aber eine wohlüberlegte Abwägung der Vor- und Nachteile. Vermögensverlagerungen ins Ausland können bei langfristiger Planung das deutsche Pflichtteilsrecht derzeit noch effektiv „aushebeln”, ab 2015 müsste jedoch statt des Vermögens der Erblasser ins Ausland verlagert werden.

104 Den dankenswerten Anstoß zu dieser Analyse erhielt ich aus der Diskussion im Anschluss an das Referat (Notar *Volmer*, Starnberg).

Zeitfracht Medien GmbH
Ferdinand-Jühlke-Straße 7
99095 Erfurt, Deutschland
produktsicherheit@kolibri360.de